现代教育技术应用研究

陈 康　和文云　叶江松 ◎ 著

湘潭大學出版社
XIANGTAN UNIVERSITY PRESS

图书在版编目（CIP）数据

现代教育技术应用研究 / 陈康，和文云，叶江松著
. -- 湘潭 : 湘潭大学出版社，2021.11
ISBN 978-7-5687-0689-6

Ⅰ. ①现… Ⅱ. ①陈… ②和… ③叶… Ⅲ. ①教育技术学一研究 Ⅳ. ①G40-057

中国版本图书馆 CIP 数据核字（2021）第 262352 号

现代教育技术应用研究

XIANDAI JIAOYU JISHU YINGYONG YANJIU

陈康 和文云 叶江松 著

责任编辑： 丁立松
封面设计： 清 清
出版发行： 湘潭大学出版社
社 址： 湖南省湘潭大学工程训练大楼
电 话： 0731-58298960 0731-58298966（传真）
邮 编： 411105
网 址： http://press.xtu.edu.cn/
印 刷： 长沙创峰印务有限公司
经 销： 湖南省新华书店
开 本： 710 mm×1000 mm 1/16
印 张： 13
字 数： 187 千字
版 次： 2021 年 11 月第 1 版
印 次： 2021 年 11 月第 1 次印刷
书 号： ISBN 978-7-5687-0689-6
定 价： 58.00 元

前 言

纵观教育信息化发展历史，每一次技术的发展势必带来教与学理论和实践的变革，在信息时代，人类在学习领域之外的思想观念、生活方式和行为方式的变化，天然地驱使其在学习领域产生相应的变化。进入21世纪以来，随着以多媒体技术和网络技术为核心的信息技术的高速发展，各种新的学术成果和先进的技术设备越来越多地应用于教育。教育信息化和现代化成为教育领域发展的必然选择，基础教育的学科教学也迎来了发展的新契机，唯有因时而动、顺势而变，才能响亮地回应时代和社会发展对教育的召唤。当前，大多数学校的教学环境有了极大改善，教学技术手段日益丰富，但教育的现代化不仅包括教学设备和环境的现代化，还包括教育思想、教育内容、教育方法和教育管理的现代化。因此，现代教育技术在提高教学质量和效率的同时，也对教育工作者的教育技术能力提出了更高的要求。掌握和运用好现代教育技术已经成为广大教育工作者必须面对的重要课题，同时也是每个师范生应该具备的基本能力。

教育的信息化既包括教育设施设备的现代化，也包括教育思想、教育内容、教育方法与手段以及教育管理等的现代化。当前，很多学校的教育环境有了很大改善，教学技术手段有了很大提高，更加注重计算机技术的运用，以提高教学质量和办学效率。在教学方法上更加注重以学生为主体，重视对学习过程和学习资源的研究，重视现代教学技术的应用等。但各高校对现代教育技术的应用水平参差不齐，应用领域也各具特色，先进的教学理念并没有得到很好的贯彻，特别是在师范院校培养未来教师现代教育技术素质方面未得到足够的重视。现代教育技术作为当代教育、教学改革的“制高点”和“突破口”，对教育思想、教育观念、教学内容、教材形式、教学方法和手段、教学模式、教学理论乃至教育体制都将产生深刻的影响，加强现代教育技术的教学尤为重要。

全书共分为六章。第一章是现代教育技术概述，主要包括教育技术的概念、现代教育技术的发展简史及趋势、现代教育技术的理论基础以及教师教育技术能力标准。第二章是多媒体教学环境系统，包括语言实验室、校园网、多媒体教学系统、微格教学系统、多媒体网络录播系统以及电影和闭路电视教学系统。第三章是信息化教学资源建设与应用，主要有信息化教学资源概述、网络教学资源的获取、文本类资源的建设、数字图像资源的建设、数字音频资源的建设以及数字视频资源的建设等内容。第四章是信息技术与课程整合，本章包括信息技术与课程整合模式、信息技术与学科课程的整合和信息技术与教育教学的深度融合三部分内容。第五章是教育技术与教师教育，针对教育信息化对教师教育的新要求、教育技术对教师教学技能训练的支持、教师教育技术能力标准三部分内容进行了分析。第六章是教育新技术的应用，包括云计算技术、移动技术、社交网络、流媒体技术、虚拟现实技术以及可视化技术等在教育中的应用。

本书在撰写的过程中始终坚持用具体且生动的语言论述。现代教育技术理论往往比较偏于理论化，因此，本书在遣词造句的过程中始终坚持具体生动的原则，避免了冗长繁杂的理论论述，与实践相结合，既突出重点，又做到了内容的全面广泛。

笔者在撰写本书时，得益于许多同仁前辈的研究成果，既受益匪浅，也深感自身所存在的不足。笔者希望读者阅读本书之后，在得到收获的同时，可以对本书提出更多的批评建议，也希望有更多的研究学者可以继续对现代教育技术进行研究，促进现代教育技术的发展。

作者

2021年9月

目 录

第一章

现代教育技术概述

信息革命所带来的技术进步导致人类的学习方式发生了深刻的变革，教育信息化已成为现代教育发展的必然趋势，而现代教育技术就是推进这种趋势的“制高点”和“突破口”。这一现实对人才培养提出了更高的要求，学习和掌握现代教育技术成为新时代教师必须具备的职业素质。本章是学习现代教育技术的入门章节，将介绍现代教育技术的概念、理论基础和教师的教育技术能力标准等内容。

第一节　教育技术的概念

现代教育技术作为现代科技成果与教育理论相结合的一门新兴综合性应用学科，在教育现代化的变革中扮演着重要的角色。我们要全面、正确地理解现代教育技术的概念，首先必须弄清楚什么是教育，什么是技术，然后在此基础上去理解教育技术和现代教育技术的概念以及这些概念之间的关系。

一、教育与技术的含义

在中国，一般认为“教育”一词始见于《孟子·尽心上》：“父母俱存，兄弟无故，一乐也；仰不愧于天，俯不怍于人，二乐也；得天下英才而教育之，三乐也。”19 世纪末 20 世纪初，一批中国现代教育奠基者成功创办新式学校，西学逐渐成为学校教育的主要内容，“教育”一词开始成为常用词。

现代汉语中“教育”一词的通行，与中国教育的现代化联系在一起，反映了中国教育由“以学为本”向“以教为本”的转变。

在西方，“教育”一词源于拉丁文，指“引出”“导出”，其英文为 Education。西方社会侧重个体的发展，强调通过教育将个体的优势引导出来，使蕴藏在肌体中的潜力得以显露和发展。

那么，教育具体指什么呢？广义的教育泛指一切有目的地影响人的身心发展的社会实践活动。狭义的教育主要指学校教育，即教育者根据一定的社会要求和受教育者的发展规律，有目的、有计划、有组织地对受教育者的身心施加影响，期望受教育者发生预期变化的活动。

那技术又指什么呢？技术的内涵随着社会的发展在不断地演变，人们对它的理解有两种。一种是狭义的理解，把技术局限于有形的物质方面。以这种观点来理解教育技术中的“技术”一词，会自然而然地把教育技术看作是只包括硬件和软件的技术手段，认为教育技术就是物化技术在教育领域中的应用，甚至等同于媒体的教育应用。这种认识在教育技术发展初期比较普遍，并且目前仍然有人沿用这种旧观点。

另一种理解是信息社会中人们对技术的理解，人们认为技术基本上包含了两个方面：有形的物质工具手段和无形的非物质的智能方法。在这种理解中，技术的重点在于工作技能的提高和工作的组织，而不是工具和机器。

二、教育技术的定义

简单地说，教育技术是以现代教育理论为基础，运用系统科学和信息技术来提高教学效益，优化教育教学过程的理论和实践的技术。所谓“教育技术”就是“教育中的技术”，是人类在教育活动中采取的一切技术手段和方法的总和。

教育技术包含两个要素，一个是有形技术，另一个是无形技术。有形技术指凝固和体现在有形物体中的科学知识，它包括从黑板等传统教具到视听媒体、多媒体、多媒体计算机、网络等一切可用于教育中的器材、设施、设备以及相应的软件等；无形技术指解决教育问题过程中所运用的技巧、策略和方法以及其中所蕴含的教学思想和理论等。

世界各国的教育技术大体上都经历了一个从硬件建设、软件制作到系统方法和教学设计的过程，目前正在进一步向人类绩效技术转移。

（一）教育技术的 AECT’94 定义

1970 年，美国教育传播与技术学协会（AECT）成立，这可以认为是现代意义上的教育技术学科和研究领域形成的标志。1994 年，在美国众多教育技术专家的参与下，AECT 发表了教育技术定义（简称 AECT’94 定义）。此定义为：教学技术是对学习过程和学习资源进行设计、开发、利用、管理、评价的理论和实践。AECT’94 定义所涉及的领域如图 1-1 所示，定义中体现了以下几个特点。

1. “学习过程”和“学习资源”是教育技术的研究对象

学习过程从广义上来讲，是学习者学习新知识和掌握新技能的认知过程，从有无教师参与的不同形式来看，有教师参与的过程又被称为“教学过程”。从这一点来理解，学习过程实际上包含了学与教两个方面。

学习资源就是学习过程中所要利用的一切教学资源的来源，它有人力资源和非人力资源之分。人力资源包括老师、同学、团体、群组等。非人力的学习资源则包含硬件环境、软件环境和潜件环境。

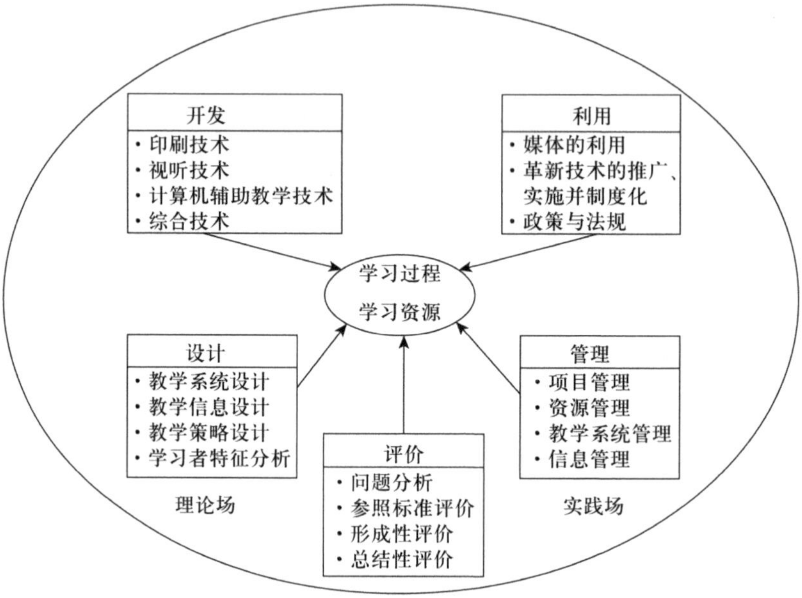

图 1-1 AECT’94 定义下的教育技术概念所涉及的领域

硬件环境：包括教学场地、设备、设施、工具等。

软件环境：主要是在教育、教学活动中传递教育、教学信息的媒介和媒体，也叫作教学媒体。教学媒体分为视觉媒介和媒体、听觉媒介和媒体、视听觉媒介和媒体以及计算机交互媒介和媒体。

潜件环境：包括教学思想、教学方法、教学模式和教学管理。

通过图 1-1，我们可以对学习过程和学习资源的“设计”“开发”“利用”“管理”和“评价”5 个方面的理论与实践有更深的理解。

（1）设计。设计的内容包括教学系统设计、教学信息设计、教学策略设计和学习者特征分析。

教学系统设计：是一个包括分析、设计、实施和评价教学等步骤的有组织的过程。

教学信息设计：与媒体和学习任务的性质有关，主要是指设计传递信息与反馈信息的呈现内容、呈现方式以及人机交互等。

教学策略设计：是对具体的教学内容、教学活动的程序、方法、媒体等因素的总体考虑。

学习者特征分析：学习者特征是指影响学习过程有效性的学习者经验背景的各个方面，包括智力因素、非智力因素及文化背景等。

（2）开发。这里的开发是指为促进学习而对学习过程和资源所进行的开发，包括印刷技术、视听技术、基于计算机的辅助教学技术和综合技术。

印刷技术：主要是指机械或照相印刷过程的制作，包括文本、图形和照片等形式的呈现，以及文本材料和视觉材料的开发。

视听技术：主要是指通过电子设备进行制作以呈现听觉和视觉信息的方法。

计算机辅助教学技术：是指利用基于微型计算机和有关的教学资源来制作和发送材料的方法。

综合技术：随着计算机技术的进一步发展，特别是网络通信、多媒体、数据库、人工智能等技术在教学中的不断应用，基于计算机的教学系统正在朝着集成化方向发展，把信息资源、在线帮助、检测系统和教学管理等功能综合在一个系统环境中，这种方法就是综合技术。这种技术的特征是学习者可以在各种信息资源中进行高度的交互活动。

（3）利用。媒体的利用包括成功的推广、实施并制度化，还有政策与法规等。利用是指通过教与学的过程和资源来促进学习者学习活动的过程。为促进对教学过程和资源的利用，应强调对各类媒体和各种最新的信息技术手段的充分利用与传播，并要加以制度化和规范化，以保证教育技术手段的不断更新。

（4）管理。管理指的是通过计划、组织、协调和监督来控制教学，包括项目管理、资源管理、教学系统管理和信息管理。

项目管理：是指计划、监督和控制教学设计和开发项目。

资源管理：是指计划、监督和控制分配以支持系统和服务。

教学系统管理：包括计划、监督和控制那些组织教学材料分发的方法，是用于向学习者呈现教学信息的媒体和使用方法的组合。

信息管理：包括计划、监督和控制信息的存储、转换或处理，其目的是为学习提供资源。

（5）评价。这里是指为促进学习而对教学过程和资源所做的评价，强调科学的测量和评价方法，注重形成性评价，并以此作为质量监控和不断优化教学过程的主要措施。为此，应及时对教育、教学过程中存在的问题进行分析，并参照规范要求（标准）进行定量的测量与比较，主要内容包括问题分析、参照标准评价、形成性评价和总结性评价。

教育技术的5个范畴（即设计、开发、利用、管理和评价）既相互独立又相互渗透。其中，设计、开发和利用是教育技术研究中相对独立的内容或阶段，设计的输出是开发的输入，开发的输出又是利用的输入。管理和评价贯穿于上述内容和阶段之中。

此外，这5个范畴之间不是线性的关系，它们都围绕“理论与实践”开展工作，并通过“理论与实践”相互作用、相互联系。

2. “教育媒体技术”和“教育设计技术”是教育技术研究的主要技术

从学习者的角度出发，利用系统方法组织教学过程，优化协调教学资源，是教育技术主要的研究领域，具体分为教育媒体技术和教育设计技术。

（1）教育媒体技术。教育媒体技术主要涉及教育中的硬件和软件技术，又包括以下4个方面的内容。

教育信息的传播与传输技术：教学内容（信息）需要借助于媒体的承载与传输，这种传输引申为传播。传播与传输技术包括卫星电视技术，它可以实现资源共享，并具有时空无限的特性。

教育信息的存储与检索技术：随着多媒体技术与网络技术在教育中的应用与发展，存储与检索技术也显得越来越重要，它是建立和利用教学资源库的基础。

教育信息的加工与处理技术：信息加工与处理技术是教育技术的核心内容，主要有多媒体技术和网络技术。计算机多媒体技术集文字、声音、图形于一体，多媒体系统的形象性与交互性使学习者能主动地、创造性地学习。网络技术实现了计算机的联网，能使教学资源共享，信息交换与处理能力增强。

教育信息的显示技术：显示技术直接影响教学效果的好坏，它不但要符合学生的认知特点，而且要符合教学规律。

（2）教育设计技术。教育技术除了包括教育中有形的物化形态的技术外，还包括无形的智能形态的教育设计技术，也称潜件技术。教育设计技术是指在解决教育教学问题中起作用的方法、技巧和理论。它涉及教材和教具的选用，教学活动的计划和分组，教学过程的控制、评价、管理、策略等问题。它主要反映在以下两个方面。

教育系统技术：这是运用信息论、系统论、控制论的观点来研究教学过程的技术，学习过程是教育技术研究和实践的对象。从教育技术的观点看，“教学”是对信息和环境的安排与协调，其目的是为了促进学习。“学习”是学习者通过与信息和环境的相互作用而得到知识和技能的过程。

教育过程技术：这里主要指的是教育思想、方法和管理方面的技术，即把学习理论、认知心理学和教育结合起来的技术。教育技术不能停留在对学习内容和提供学习材料的研究上，同时还要研究学生的学习过程和学习方法，在教学研究的基础上强调学法研究。

同时，注重“理论”和“实践”是教育技术的研究内涵，教育技术的定义强调教育技术的研究要同时注重“理论”和“实践”的研究。1994年的教育技术定义，反映了当前国际教育技术界对教育技术的看法，各国教育技术界的学者们都在进行学习和研究，并且纷纷发表自己对这一定义的认识。

（二）教育技术的 AECT’05 定义

2005 年，美国教育传播与技术协会经过充分讨论后发表了新的定义

（简称 AECT’05 定义）。此定义为：教育技术是指通过创造、使用、管理适当的技术过程和资源，促进学习和改善绩效的研究与符合道德规范的实践。

AECT’05 教育技术定义与 AECT’94 定义的不同之处有如下几点。

理论与技术基础不同。首先是依据的理论基础不同。AECT’94 定义主要以认知主义学习理论为基础，以行为主义学习理论为辅，而 AECT’05 定义主要以建构主义学习理论为基础。其次是技术基础不同。发表 AECT’94 定义时网络技术和网络教育刚刚起步，而发表 AECT’05 定义时网络技术和网络教育已经得到了飞速发展。

术语的定位不同。

（1）用“教育技术”取代了“教学技术”。教育技术定位在教育概念上，而教学技术则定位在教学概念上。教育指的是支持学习的各类活动和资源；教学指的是由学习者以外的人组织的、指向特定目的的活动。

（2）用“研究”代替“理论”。研究比理论更宽泛，特别是包含“反思实践”的内容。研究指的是超越传统研究意义上的知识收集和分析。教育技术作为一个专业领域，需要不断地以“研究和反思性实践”来建构起理论体系。

（3）将“设计”“开发”“利用”“管理”和“评价”整合为“创造”“利用”和“管理”。AECT’05 定义将 AECT’94 定义中的 5 个范畴（设计、开发、利用、管理和评价）整合为 3 个范畴（创造、利用和管理），这 3 个范畴形成一个统一的、互相衔接的整体，而评价贯穿于整个过程，如图 1-2 所示。

（4）AECT’05 定义中新增了内容。AECT’05 定义特别强调了“提高绩效”与“符合伦理道德”，这是对 AECT’94 定义的进一步完善和发展。利用教育技术能更有效地学习，提高学习绩效（即学习者运用新获得的“知识与技能”的能力）。对于教育技术而言，“提高学习绩效”就意味着要求效力，追求学习效率，期望花更少的时间达到学习的目的。学习绩效的提法强调学习的含义不单指获取知识，更注重培养和提高能力。

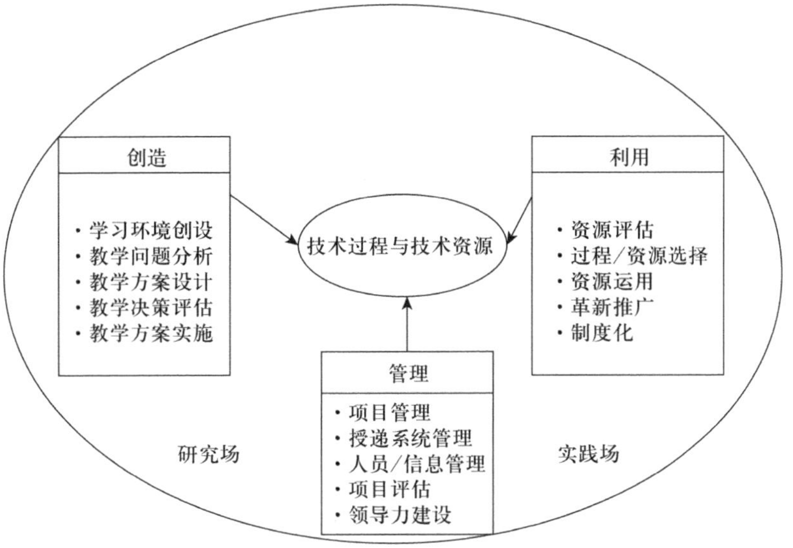

图 1-2 AECT'05 定义下的教育技术概念所涉及的领域

AECT'05 定义还特别明确地给出了实践要符合道德规范和职业规范，告诉技术人员一定要关心人文和道德问题。在《美国国家教育技术标准》中，无论是学生标准、教师标准还是管理者标准，这一内容都无一例外地被写了进去。道德和职业规范的问题不能轻视，因为这是从业人员与专业本身得以生存的基础。

三、现代教育技术的定义

随着教育理论、实践和信息技术的发展，教育技术也在不断发展。现代教育技术是 20 世纪 90 年代以后在国内被人们大量使用的一个术语，它与"教育技术"在本质上属于同一个概念。

20 世纪 90 年代后期，以计算机和网络为基础的现代信息技术开始在教育中广泛应用，我国政府提出了以教育信息化带动教育现代化的战略方针，并实施了一系列推进现代信息技术在教育中应用的重大项目。技术的变化必然引起概念的变化，"信息化教育"这一概念开始为人们所熟悉，它是指以现代信息技术为支撑的教育方式或形态。

可以说，现代教育技术和信息化教育、电化教育三者的目的和研究对象相同，它们名称虽然不同，但基本实质是一样的，都是在现代教育思想、理论的指导下，运用现代信息技术优化教育教学，提高教育教学的质量和效率。因此，这三个名称可以互相换用。

四、教育技术的作用及影响

随着人类社会的迅速发展，越来越多的科学技术成果进入教育、教学领域。在教育教学中，应用教育技术，优化了教学过程，教育技术已经成为传统教学过程基本要素中除教师、学生和教材之外的第四要素。信息技术对教育发展具有革命性影响，必须予以高度重视。可见，技术对于转变教育思想和观念，深化教育改革，提高教育质量和效益，培养创新人才具有深远意义。

（一）教育技术的作用

1. 促进实现终身教育和终身学习理念

信息化社会是一个多变的社会。科学技术突飞猛进地发展，使产业结构发生了巨大的变化，新兴行业不断涌现，传统行业逐渐萎缩，这使得人们不可能在最初的工作岗位上从一而终。再者，知识的增长和更新，使学校教育无法为学生提供满足终身需求的知识，初始教育只是就业之前的必要准备，只有不断地学习才能适应未来的工作和生活。现代教育技术以其特有的功能为学习的终身化和个性化提供了有效的实施途径、方式和方法。以学习者个性化为基础的网络化课程为每个愿意学习的个体提供了“量体裁衣、按需所求”式的“精神自助餐厅”；不断持续发展的各种技术正在打造一个融“生活、学习、工作”为一体的人类生存与发展的崭新格局。

2. 促进学习化社会的形成

教育的终身化要求社会成员不断接受教育，不断从事学习活动，使学习变成一种社会化的活动。在信息化社会，以现代信息技术为支持的学习型家庭、学习化社区、学习化城市、学习型组织，正在逐渐营造一个社会处处有教育，学习随时随地可进行的学习化社会；广阔的学习环境和极为便利的学习条件，为各类社会成员提供了多层次、多样化的教育服务，使社会化的学习不仅成为一种需要，而且成为一种可能。

3. 引发教育三大基石的变革

在印刷时代，阅读、写作和计算被视为传统文化教育的三大基石，世界各国都把这三种能力的培养列为基础教育的首要任务。然而，技术给教育带来无限的机遇，也在这三大基石中引发了一场深刻的变革。

（1）阅读方式的变革。阅读方式的变革包括如下三个方面。

从文本阅读走向超文本阅读：在印刷技术时代，人类已习惯于阅读文本和从各种图书资料中查找所需信息的工作与生活方式。文本中知识与信息只能按线性结构来排列，因此，阅读与检索的速度和效率有着不可逾越的界限。在电子书刊中，知识间的联结不再是线性的，而是网状的，可以有多种联结组合方式与检索方式，从而打破了传统文本单一的线性结构，向人们展示出全新、高效的超文本阅读与检索方式。

从单纯文字阅读发展到多媒体电子读物：传统阅读的材料是文字媒体，在电子读物中，阅读的对象则从抽象化的文字扩展为图像、声音、三维动画等多种媒体。这就是信息时代的“超媒体”阅读。这种近乎“全息”的跨时空阅读方式，使阅读和感受、体验结合在一起，极大地提高了阅读的兴趣和效率。

与电子资料库对话的高效率检索式阅读：计算机给阅读方式带来的最大变革是高效率检索式阅读方式的出现。当你用传统阅读检索方式从纸张印刷的书本中寻找特定方向的资料时，需要一本一本查阅，付出的时间和精力是巨大的。但采用与电子资料库对话的形式进行计算机自动检索，则只需输入限定的关键词，便可以在短短几秒内从浩繁的文本中提取所需方向的资料。若还有进一步的需求，则可再次与计算机对话，直至获得满意的信息为止。了解这种信息时代全新的阅读与检索方式之后，就不难想象图书馆、教师备课和学生学习模式将要发生的巨大变革了。与此同时，培养这种新的阅读能力不仅应该从小开始，而且迫切需要给成人补课乃至“扫盲”。

（2）写作方式的变革。写作方式的变革包括：从手写走向键盘输入、鼠标输入、扫描输入和语音输入；图文并茂、声情并茂的多媒体写作方式；超文本结构的构思与写作；在与电子资料库对话中，阅读与写作的一体化，在远程交流中协作的协同化、群体化。

（3）计算方式的变革。计算方式的变革包括：从数字计算走向基于代码和进制的数字化模拟及高速运算；文字的数字化使计算机从语言上升为文化，并使传统文化教育的三大支柱（读、写、算）融为一体；图像、声音、影视的数字化使人类进入虚拟现实的计算机仿真世界，使数字化成为人类把握历史、现实与未来的一种重要文化方式、生存方式、教育模式；多媒体数据库的设计与制作和人工智能技术的广泛运用，将创造出数字化生存环境中的各种新技能。

（二）教育技术给教学带来的影响

我国在新一轮《基础教育课程改革纲要》中提出要在教学中大力推广技术的普遍应用，要利用教育技术改变教学内容的呈现方式、学生的学习方式、教师的教学方式和师生的互动方式。现代教育技术的应用和实践，已成为教育发展和改革的强大动力，教育面临着有史以来最为深刻的变革。教育技术的运用导致了教学内容、教学模式、师生的角色定位等各个方面的根本性变革。

1. 教育技术给教育内容带来的影响

教育技术的应用给教育内容带来的变革，是对教育的影响中最为突出的一部分。具体表现为以下几点：①知识来源的多渠道化。随着多媒体技术、通信技术、网络技术等信息技术在教学中的应用，教师不再是唯一的教学信息来源，学生通过多种渠道更容易获得信息和知识，极大地扩展了学生的知识来源。②教材的多媒体化。教育技术的应用将过去传统的、静态的书本教材形式转变为由文本、图形、图像、声音、视频、动画等构成的动态教材。③内容呈现方式的多样化。教育技术的应用改变了教学内容的呈现方式，许多肉眼看不到的微观世界以及一些事物的运动规律等都能展现在学生眼前，促进了学生对知识的理解。

2. 教育技术给教育模式带来的影响

教育技术的应用改变了传统单一的以课堂讲授为主的教学模式，使教学模式日趋多元化。基于课堂的多媒体教学模式、基于网络的资源型自主学习模式、教育网络的协作学习模式、基于仿真技术的人机教学模式等在教学过程中得到重视和应用。

根据教学需要，结合教学资源和环境，在教学过程中选择和运用不同的教学模式或者创新和探索各种新型的教学模式，已成为教学改革的突破口。

3. 教育技术给教师带来的影响

教育技术的运用对教师角色产生了深刻影响，研究和认识教育技术对教师角色所产生的这种影响，及时调整师生角色地位，将对各级各类学校教学的深化改革起到重要的作用。教育技术的应用扩展了教师的概念：教育技术的应用，使基于现代技术的各类电子教师逐渐走进人们的生活，与普通教师共同担负着传播知识和思想观念的社会职能。电子教师延伸了教师的概念，使教师与学生的实体分离成为可能，使学生具有前所未有的自主选择教师和教学内容的权力。

教育技术改变了教师的角色：在传统教育中，教师主要角色是知识的传授者，随着各种媒体技术的应用，学生可以通过各种途径寻找自己想要的知识，教师在课堂内的权威地位因而受到直接的威胁。面对这种挑战，教师必须首先改变传统的角色定位，树立新的角色形象，实现角色的多元化。

教育技术的发展对教师角色的影响，并不是使教师失去“主人”的地位而使其角色退化，而是对教师的要求更高，使教师担负的角色职责更重。

4. 教育技术给学生带来的影响

学生可能是教育技术发展的最大受益者。在传统教育中，学生的地位完全是被动的，教学内容、教学策略、教学方法、教学步骤等都由教师来安排。教育技术的发展则改变了学生对教师的这种依附状态，学生有了现代化教育技术手段的支持，获得了从更多渠道学习知识的机会，实现了学习的自由。这样，学生角色从被动学习者转变为积极的主动学习者，学生在学习过程中的主体地位得到了体现。

学生借助信息技术，通过积极参与，充分地感知信息，激活思维、想象，促使理解、内化、转化，产生意义建构，从而促进认知能力和创新能力的发展。

但是，学生角色在教育技术发展下的这种转变不是必然的。换句话说，并非有了现代化的教育技术设备和手段，学生就自然而然地进入主动学习者的角色当中。学生借助现代教育技术手段进行积极地自主学习和自我教育，要求学生具有独立自主学习的精神，具有独立的自主学习能力，具有良好的学习品质并能够掌握适合自己特点和学习要求的一系列方法。

5. 教育技术给教学评价体系带来的影响

教学评价是获得反馈信息、检查是否达到预期的目标，以便及时调整教学活动或修正教学策略，对学生有导向和激励作用的重要教学环节。传统的教育评价重视教学的最终结果，采用一次性评价体系。教育技术的应用在重视最终结果评价的同时，更加注重学习过程的评价。教育技术的应用有利于建立全新的评价体系，使教师和学生能非常及时地获得反馈信息，非常有利于学生学习行为和教师教学行为的调整。

随着教育技术研究的深入，教育技术在教育教学中的应用会越来越广泛和深入。

第二节 现代教育技术的发展简史及趋势

现阶段，我国越来越重视教育技术的发展，但是在关注当下的同时不能忘记昨天。追根溯源，了解教育技术的发展历程，有利于在继承和借鉴历史文明的基础上透视现实，把握未来。

一、现代教育技术的发展简史

由于教育和信息技术发展水平的差异，教育技术在不同的国家经历了不同的发展阶段。发达国家的教育技术是在视觉教育、视听教育、教育传播的基础上发展起来的，而我国则是在电化教育的基础上发展起来的。

（一）国外教育技术发展简史

1. 视觉教育阶段

19 世纪末，科学技术的迅速发展和科技成果被引进教育领域，对教育技术的发展产生了深刻的影响。摄影、幻灯、无声电影等新媒体相继被应用于教学中，为学生提供了生动的视觉形象，使教学取得了超越性的良好效果。1906 年，美国宾夕法尼亚州一家公司出版了《视觉教育》一书，介绍了照片的拍摄、制作与幻灯片的使用，其第一次使用了“视觉教育”术语。此后，越来越多的教育工作者参与到对新媒体应用的研究中。

1923 年，美国教育协会建立了视觉教学分会，视觉教育工作者断言“视觉经验对学习的影响比其他各种经验都强得多”。

1924 年，在美国心理学会的会议上，普来西宣布他设计出了第一台可以教学、测验和记分的教学机器。它不仅能呈现视觉材料，还能针对学生的学习情况提供反馈信息，这是教学机器与音像媒体的重要区别。该教学机器用于个别化教学活动，于是产生了早期的个别化教学。

2. 视听教育阶段

20 世纪 30 年代后期，无线电广播、有声电影、录音机等先后在教学中获得应用，人们开始在文章中使用“视听教育”这个术语。1947 年，美国教育协会视觉教学分会正式改名为视听教育分会。

第二次世界大战期间，美国政府投入 10 亿美元将教学电影用于作战人员和军工技术人员的培训，并取得了显著成效，也提高了人们对战后学校在教学中使用视听媒体的兴趣和热情。

20 世纪 30 年代到 50 年代，电视的出现为视听教育提供了比电影更好的技术手段，与此同时，关于视听教育的理论研究进一步推动了视听教育的发展，在美国掀起了一场视听教育运动。其中以戴尔（Dale）的“经验之塔”理论最具代表性，被视为视听教育的主要理论依据。20 世纪 50 年代中期，美国心理学家斯金纳根据行为主义学习理论设计了新一代的教学机器，被称为斯金纳程序教学机，并由实验阶段转入实用阶段，在大学和军队中得到应用。

3. 视听传播阶段

20 世纪 60 年代以后，教育电视的使用由实验进入实用阶段。与此同时，由拉斯维尔等人在 20 世纪 40 年代创立的传播学开始影响教育领域，有学者将教学过程作为信息传播过程加以研究。在上述背景下，教育传播越来越受到重视，从而出现了视听传播的概念。

1963 年，美国视听教育分会对视听传播进行了定义：视听传播是教育理论和实践的分支，主要研究控制学习过程的信息的设计和使用。这些研究涉及计划、制作、选择、管理、运用各种部分和整个结构系统，其目标是有效地运用每一种传播方法和媒体来激发学习者的全部潜能。

在该阶段，比视听媒体概念更为广泛的“教学资源”概念崭露头角，人们逐渐将关注的焦点从原先的视听教具转向整体的教学传播过程、教学系统方面上来。

1946 年，世界上第一台电子数字计算机诞生于美国。之后的 1958 年，IBM 公司，首次将计算机用于辅助教学，伊利诺斯大学于 1960 年研制出著名的 PLATO 教学系统，这是计算机辅助教学（CAI）的典型系统之一。

4. 教育技术阶段

在教育媒体技术、方法及其相关理论不断发展的大背景之下，1970 年，AECT 首次提出了教育技术的概念并对其进行了定义。此后，AECT 又在 1972 年、1977 年两次对定义进行修改，并在原有的传播理论、行为主义学习理论的基础上，将系统理论作为教育技术的理论基础。

20 世纪 70 年代到 80 年代，随着微型计算机、多媒体技术先后问世，出现了多媒体辅助教学（MAI）的概念。进入 20 世纪 90 年代，Internet 技术得到迅速发展，并逐步应用于教育教学中，出现了网络学习、数字化学习等新概念。

1994 年，AECT 对教育技术重新进行了定义，使之更加符合当时信息技术和教育教学的实际，对世界各国教育技术的发展产生了较大的影响。AECT 在 2005 年再次对教育技术的定义进行了修改，并再一次受到人们的关注。

教育技术发展的历程如图 1-3 所示，它随着教学媒体设备从早期的视觉设备、视听设备、多媒体计算机、多媒体及网络设备，发展到当前以电子白板、教学应答器为代表的交互式媒体设备，将这些媒体设备应用于教育教学，使得人机之间的教育交互形式从早期的“单向”拓展到“双向”，直到今天的“多向”，即借助网络通信手段实现多人之间的教学交互。

（二）我国教育技术发展简史

我国教育技术萌芽于 20 世纪 20 年代，起步于 20 世纪 30 年代。20 世纪 90 年代中期以后，我国教育技术得到了迅速发展。

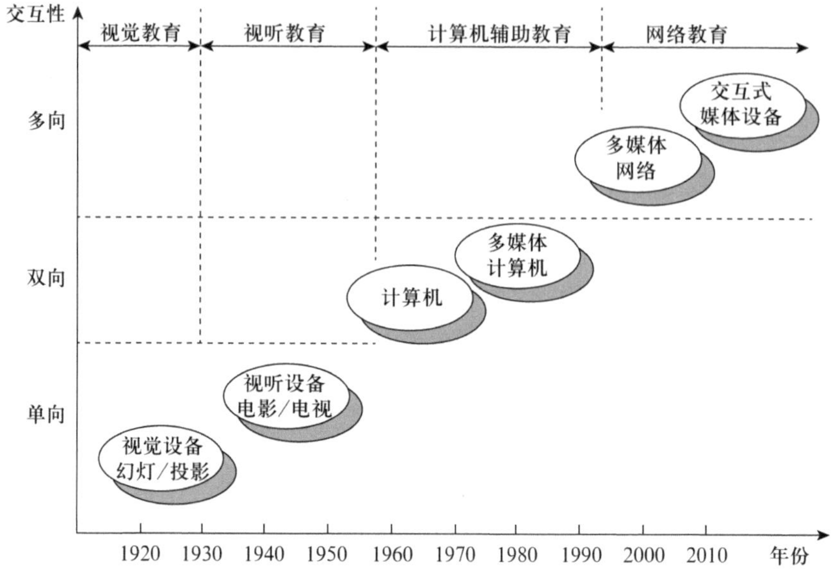

图 1-3　国外教育技术发展历程

20 世纪 20 年代初期，受到美国视听教育运动的影响，我国教育界开始尝试在课堂教学中引入电影、幻灯片和广播等媒体。南京、上海、无锡和苏州等城市最早出现了电化教育实验。20 世纪 30 年代，“电化教育”这一专有名词被正式提出。1922 年，商务印书馆出版了我国第一本教育技术专著《有声电影教育》。1936 年，江苏省立教育学院创办电影广播教育专修科，这是我国第一个教育技术专业。1938 年，金陵大学设电化教育专修科，这是我国第一个用“电化教育”命名的教育技术专业。

1949 年，新中国成立后，教育技术因受到重视而得到了进一步发展，当时文化部下设科学普及局，该局设立了电化教育处专门指导教育技术工作。1951 年，教育部召开高等师范院校课程讨论会，决定将“电化教育”列为教育系的选修课。

1978 年，我国开始改革开放，教育技术再一次获得长足发展，在此期间，我国一部分高等学校相继设置了电化教育专科。1983 年，华南师范大学创办了新中国第一个电化教育本科专业。1987 年，在国家教委发布的普通高等学校本科专业目录中正式确定“电化教育”专业名称，在 1993 年又将其更名为“教育技术学”专业。

20 世纪 90 年代中期以后，我国教育技术进入了迅速发展阶段。1995 年，中国教育科研网（CERNET）开通，标志着中国网络教育应用的开端。1998 年，时任教育部部长的陈至立指出：“要把现代教育技术当作整个教育改革的‘制高点’和‘突破口’”。2010 年，教育部颁布《国家中长期教育改革和发展规划纲要（2010—2020 年）》，其中第十九章明确提到要加快教育信息化进程的内容，把教育信息化纳入国家信息化发展整体战略，超前部署教育信息网络。至 2020 年，要基本建成覆盖城乡各级各类学校的教育信息化体系，促进教育内容、教学手段和方法现代化。①

在教育技术组织机构方面，从 1979 年开始，教育部成立了电化教育局和中央电教馆，负责全国的教育技术管理工作和业务工作。其后，中央和各省市都建立了电化教育馆，2004 年，教育部基础教育资源中心正式成立，与中央电化教育馆合署办公，是我国基础教育信息化建设中的重要支撑力量。

二、现代教育技术的发展趋势

（一）教育技术网络化

教育技术网络化最明显的标志是互联网（Internet）应用的急剧发展。目前，体现在 Internet 上的远程、宽带、广域通信网络技术的重大革命，肯定会对未来的高等教育产生深远的影响。这种影响不仅表现在教学手段和教学方法的改变上，而且将引起教学模式和教育体制的根本变革。

基于互联网环境的教育体制与教学模式不受时间、空间和地域的限制，通过计算机网络可扩展至全社会的每一个角落甚至是全世界，这才是

① 文源，汤晓伟，耿桂芝．现代教育技术［M］．南京：江苏大学出版社，2016.

真正意义上的开放式大学。在这种教育体制下，每个人既是学生又是教师，可以在任意时间、任意地点通过网络自由地学习、工作和娱乐。学习者所需要的老师、专家、资料和信息虽然相隔万里，但又信手拈来。不管是什么样的家庭条件或者身份，都可以享受到这种最高质量的教育，这代表着真正意义上的全民教育。

（二）教育技术多媒体化

如今，多媒体教育应用正迅速成为教育技术中的主流技术，也就是说，目前国际上的教育技术正在迅速走向多媒体化。

多媒体教学系统。与应用其他媒体的教学系统相比，应用多媒体教学系统具有以下优点：多重感观刺激；传输信息量大、速度快；信息传输质量高、应用范围广；使用方便、易于操作；交互性强。

多媒体电子出版物。多媒体技术除了可直接应用于教学过程外，在教育领域还有另一方面的重要应用，就是以 CD-ROM 光盘作存储介质的电子出版物，如电子百科全书、电子词典、电子刊物等。在电子百科全书中，它的每个条目不仅有文字说明，还有声音、图形，甚至活动画面的配合。此外，多媒体技术还具有辅助教学功能，可以对学生进行辅导、答疑、布置作业。

（三）重视教育技术理论基础的研究

没有理论的实践是盲目的实践，没有理论指导的应用只能停留在一个较低的水平上，不会有突破性的进展。近年来，国际教育技术界在大力推广应用教育技术的同时，日益重视并加强对教育技术理论基础的研究，这表现在以下两个方面。

一方面是重视教育技术自身理论基础的研究。最明显的例子就是美国 AECT 学会撰写的专著《教育技术的定义和研究范围》。该书不仅是美国教育技术界的重要理论研究成果，也将对我国教育技术事业的发展产生深刻的影响。

另一方面是加强将认知学习理论应用于教育技术实际的研究。对于认知心理学来说，这类研究本属应用范畴；但对于教育技术学来说，由于认知心理学是其理论基础之一，所以，上述研究属于教育技术学本身的理论方法研究。

（四）重视人工智能在教育中应用的研究

智能辅助教学系统有“教学决策”模块、“学生模型”模块和“自然语言接口”模块，因而具有与人类优秀教师相媲美的功能：了解每个学生的学习能力、认知特点和当前知识水平；能根据学生的不同特点选择最适当的教学内容和教学方法，并可对学生进行有针对性的个别指导；允许学生用自然语言与“计算机导师”进行人机对话。

（五）强调教育技术应用模式的多样化

目前，在发达国家，教育技术的应用大体上有 4 种模式：基于传统教学媒体（以视听设备为主）的“常规模式”，基于多媒体计算机的“多媒体模式”，基于 Internet 的“网络模式”和基于计算机仿真技术的“虚拟现实模式”。

其中，常规模式不论是在我国还是在发达国家，在目前或今后一段时间内，仍然是主要的教育技术的应用模式，在广大中小学更是如此。在重视“常规模式”的同时，应加速发展“多媒体模式”和“网络模式”，这是现代教育技术发展的未来和方向。

第三节　现代教育技术的理论基础

教育技术学是一门新兴的综合性应用科学，它综合了多门学科的相关理论，特别是许多随信息技术的发展而建立起来的新观念、新理论，它们交叉渗透，形成了本学科的基础理论体系，推动着本学科的持续发展。学生的学习活动是一切教学活动的落脚点，教师的教都是为了促进学生的学。因此，了解学习活动的基础特点和有关理论是教师进行有效教学的基础和前提。下面，将介绍作为教育技术学理论基础的视听教育理论、学习理论和教育传播理论对教育技术学发展与应用的影响。

一、视听教育理论

视听教育研究录音、广播等视听教育手段在教学中怎样使用，会产生什么样的效果等一系列问题，总结出了很多视听教学的方法，并提出了相关的教学理论，即视听教育理论。

（一）“经验之塔”理论

视听教育理论的核心是埃德加·戴尔（Edgar Dale）的“经验之塔”理论。埃德加·戴尔是美国从事视听教育的心理学家，也是视听教育理论的主要代表人物。他总结了视听教育的经验，把人类获取知识的各种途径和方法概括为一个“经验之塔”来系统描述。

“经验之塔”的主要特征是以塔形构造将学习的形式（或者称为获得经验的手段）分成若干种类，并按某种规律将它们排列起来。该理论对我们在教学中如何选择教学媒体、如何增强学生的感性认识及如何提高学生的学习兴趣具有重要的指导意义。

“经验之塔”的概念将人们获得的经验分为三大类，即做的经验、观察的经验和抽象的经验，并将各种经验按抽象程度分为10个层次。

1. “做”的经验

做的经验位于塔基的3个层次中，都含有亲自的“活动”。在这3种方式中，学习者不仅仅是活动的旁观者，更是活动的参与者，故称为做的经验。这些活动获得的是直接做的经验。

有目的的直接经验：指直接与真实事物本身接触而获取的经验，是通过对真实事物的直接感知（即看、听、尝、嗅、触、做）取得的最丰富的具体经验。

设计的经验：指通过模型、标本等间接材料的学习获取的经验。模型、标本是通过人工设计、仿造的事物，与真实事物的大小和复杂程度有所不同，它是“真实的改编”。这种改编可以使人们更容易理解和领会真实事物。

演戏的经验：指让学生在戏剧中扮演某一角色，使他们尽可能在真实的情境中获得经验。通过演戏或表演来感受那些在正常情形下无法获得的感情上和观念上的体验。

2. “观察”的经验

观察的经验包括 5 个层次。

观摩示范：通过看别人怎么做，使学生知道一件事是怎样做成的，这样他们以后自己就可以动手模仿着去做。

见习、旅行：通过野外的学习旅行，看到真实事物和各种景象，以此获得经验。

参观展览：通过参观展览，使学生通过观察来获得经验。

电影和电视：通过观看电影、电视获得经验。屏幕上的事物是实际事物的代表，而不是它本身，通过看电影和电视得到的是替代的经验。

广播、录音、照片、幻灯：以听觉或视觉的方式获得经验，与电影和电视相比，抽象层次更高一些。

3. “抽象”的经验

抽象的经验包括两个层次。

视觉信号：主要指表达一定含义的图表、地图等抽象符号。它们已看不到事物的实在形态，是一种抽象的代表。如某些图表上的星星代表一个城市，云朵和水滴组合的符号代表下雨等。

语言符号：包括口头语言和书面语言（文字符号）两种，是事物抽象化了的代表或观念的符号。

（二）“经验之塔”理论的基本观点

戴尔把“经验之塔”理论的要点概括为以下5个方面：

（1）塔最底层的经验最具体，学习时最容易理解，也便于记忆，越往上则越抽象，越易获得概念，便于应用。然而，这并非指获取任何经验都必须经过从底层到顶层的阶梯，也不是说底层的经验比上层的经验更有用。划分这些阶层只是为了说明各种经验的具体或抽象的程度。

（2）教育、教学应从具体经验入手，逐步到抽象经验。有效的学习之路，应该充满具体经验。教育、教学最大的失败在于使学生记住许多普通法则和概念时，没有具体经验作这些理论的支柱。例如，在教学过程中，可以先让学生自己去试验什么样的物体可以漂浮在水面上，等学生自己尝试过后，自然会发现一定的规律，获得丰富的经验。

（3）教育、教学不能止于具体经验，而要向抽象和普通经验发展，要形成概念。概念可以供推理之用，是最经济的思维工具，它把人们探求知识的过程大为简单化、经济化。例如，在教会幼儿数具体物品后，一定要去掉具体的环境，使幼儿熟悉并学会处理抽象的数字关系。

（4）在学校教学中应使用各种教学媒体，使学习更为具体，也能为抽象概念创造条件。例如，在学校中，拥有大量、丰富的电化教育工具，可以为学校教育提供良好的资源和更为方便的操作模式。

（5）位于“塔”的中间的那些视听教材和视听经验，既比上层的言语和视觉符号具体、形象，又能突破时间和空间的限制，弥补下层各种直接经验方式的不足。例如，电视、电影和录像等资源可以弥补因学生的年龄和身份所缺少的经历和经验，扩大他们的视野和知识面。

（三）“经验之塔”理论的启示

“经验之塔”理论所阐述的是经验抽象程度的关系，符合由具体到抽象、由感性到理性、由个别到一般的认识事物的规律；而位于塔中部的广播、录音、照片、幻灯、电影、电视等介于做的经验与抽象经验之间，既能为学生学习提供必要的感性材料，易于理解记忆，又便于借助解说或教师的提示、概括和总结，从具体的画面上升到抽象的概念和定理，形成规律，是一种有效的学习手段。因此，“经验之塔”理论不仅是视听教育的心理学基础，也是现代教育技术的重要理论基础之一。

二、学习理论

学习理论是研究人类学习过程的心理机制的一门学问，是从心理学角度讨论人类如何进行学习的理论，我们学习和了解学习理论的目的是思考在新的教学环境下如何改进学习方法，提高教学质量，促进有效学习。目前，具有一定影响力的学习理论有行为主义学习理论、认知主义学习理论、建构主义学习理论等。

行为主义学习理论从桑代克对动物学习的研究到华生综合巴普洛夫的条件反射，发展到了斯金纳的程序教学。行为主义强调学习是刺激—反应—强化的过程，提倡循序渐进、积极反应、自定步调等学习原则，在个别化教学、计算机辅助教学等方面有重要的指导作用。

认知主义学习理论认为，学习的实质是在学习者的头脑中形成认知结构。它注重通过知觉和经验，用综合的方法学习整体的特性。布鲁纳的发现学习和奥苏贝尔的有意义学习，是认知主义学习理论的两个典型学习模式。从认知主义的学习模式可以看出，信息加工是核心特征。教师提供丰富的教学资源，设计有效的教学活动，目的就是提高学生解决问题的能力，促进学生认知结构的变化。

建构主义学习理论认为，学习是学习者主动建构内部心理结构的过程。它强调在较真实的情景学习活动中，在原有的经验和认知结构基础上，通过主动建构知识的意义来达到个人对新知识的理解。

（一）行为主义学习理论

行为主义学习理论产生于20世纪20年代的美国，它在20世纪60年代以前，一直作为占统治和主导地位的心理学派而存在。它分为经典行为主义和新行为主义，代表人物有伊万·彼得罗维奇·巴普洛夫、约翰·华生、爱德华·李·桑代克和斯金纳。

经典行为主义（巴普洛夫、华生）认为：人们的学习就是以一种刺激代替另一种刺激而建立相应的条件反射的过程。

新行为主义（斯金纳）认为：①学习是刺激与反应的联结，是反应概率的变化。如果一种反应之后伴随着一种强化物，那么在类似环境里发送这种反应的概率就会增加。②反应有两种：一是应答性反应（由刺激引发的反应），是有机体被动地对环境做出的反应；二是操作性反应（由有机体自发产生的反应），是有机体主动作用于环境的行为反应。③学习应该是小步子、自定步调、积极反应、及时强化的，强化是学习成功的关键。

行为主义学习理论将人的外显行为作为研究对象，认为学习是一个刺激和反应（S-R，S 代表刺激，R 代表反应，有什么样的刺激就有什么样的反应）联结的过程，行为的多次的后果会改变学习者个体的行为。斯金纳把条件反射分为两类：与应答性行为相对应的是应答性反射，称为 S（刺激）型（S 型名称来自英文 Stimulation）；与操作性行为相对应的是操作性反射，称为 R（反应）型（R 型名称来自英文 Reaction）。S 型条件反射是强化与刺激直接关联，R 型条件反射是强化与反应直接关联。

较为典型的行为主义学习理论包括巴普洛夫的经典条件反射学习观、华生的行为主义学习观、桑代克的联结主义学习观和斯金纳的操作条件反射学习观。

（二）认知主义学习理论

20 世纪 60 年代之后，认知主义学习理论逐渐占据了主导地位，其代表人物有杰罗姆·布鲁纳、戴维·保罗·奥苏贝尔、加涅等。

1. 核心观点

认知主义理论认为，人的认识不是直接由外界刺激给予的，而是外界刺激和认知主体内部心理过程相互作用的结果。学习在于内部认知的变化。

根据上述观点，教师的任务不是简单地向学生灌输知识，而是应该激发学生的学习兴趣和学习动机，然后将当前的教学内容与学生原有的认知结构有机地联系起来。学生不再是外界刺激的被动接收器，而是主动地对外界刺激提供的信息进行选择性加工的主体。

认知主义理论的主要特点是：重视人在学习活动中的主体价值，充分肯定学生的自觉能动性；强调认知、意义理解、独立理解、独立思考等意识活动在学习中的重要地位和作用；重视人在学习活动中的准备状态，即一个人学习的效果，不仅取决于外部刺激和个人的主观努力，还取决于一个人已有的知识水平、认识结构和非认知因素。

较为典型的认知主义学习理论包括苛勒的顿悟说、布鲁纳的认知发现说、奥苏贝尔的有意义学习理论、加涅的信息加工学习论等。

2. 奥苏贝尔的有意义学习理论

奥苏贝尔教育心理学中最重要的部分是他对意义学习的描述。在他看来，学生的学习，如果要有价值的话，应该尽可能地有意义。

意义学习有两个先决条件：学生表现出一种意义学习的倾向，即表现出一种在新学的内容与自己已有的知识之间建立联系的倾向；学习内容对学生具有潜在意义，即能够与学生已有的知识结构联系起来。这里要特别注意的是，这种联系不能是一种牵强附会的或逐字逐句的，而应是实质性的联系。

奥苏贝尔认为，当学生把教学内容与自己的认知结构联系起来时，意义学习便发生了。所以，影响课堂教学中意义学习最重要的因素是学生的认知结构。所谓认知结构，就是指学生现有知识的数量、清晰度和组织方式，它是由学生眼下能回想出的事实、概念、命题、理论等构成。因此，要促进新知识的学习，首先要增强学生认知结构中与新知识有关的观念。

从安排学习内容这个角度来讲，要注意两个方面：要尽可能先传授学科中具有最大包摄性、概括性和最有说服力的概念和原理，以便学生能对学习内容加以组织和综合。另外要注意渐进性，也就是说，要使用安排学习内容顺序最有效的方法，构成学习内容的内在逻辑，适当组织和安排练习活动。

从教学的角度来讲，研究认知结构的目的在于识别和控制影响意义学习的变量。奥苏贝尔认为，学生是否具有起固定作用的概念，对学习是否有意义起重要作用。

3. 合理与不足

认知主义学习理论弥补了行为主义只注重研究学习的外显行为这一缺陷，注重对学习者内部如何学习这一过程的研究。认知理论强调，无论学什么，都要以形成认知能力为根本出发点。围绕这一核心，认知主义学者关注了理解、技能与策略的掌握，解决问题的认知过程以及动机等几方面的问题。

但认知主义学习理论完全否定了行为主义的理论观点，它过度关心学习者的内部学习活动过程，忽视了学习的外显行为和外部条件对学习的影响。

（三）建构主义学习理论

建构主义在教育技术领域成为一种理论倾向虽然是近几年的事，但它的哲学根源可追溯到古代的苏格拉底、柏拉图和康德的年代，是行为主义发展到认知主义以后的进一步发展。建构主义也是认知心理学派中的一个分支，其主要代表人物有杜威、皮亚杰、乔纳森、维果斯基等。

1. 核心观点

学习一种能动建构的过程，知识不是通过教师传授得到的，而是学习者在一定的情境，即社会文化背景下，借助他人的帮助，利用必要的学习资料，运用意义建构的方法获得，也就是说，世界是客观存在的，但是对世界的理解和为世界赋予意义却由每个人自己决定。人们是以自己的经验为基础来建构或解释现实的，一个人的个人世界是用自己的头脑创建的，由于各自的经验以及对经验的信念不同，使得人们对外部世界的理解也不同，所以，人们对知识正误的判断只能是相对的。因而建构主义更关注如何以原有的经验、心理结构和信念为基础来建构知识，强调学习的主动性、社会性和情境性，对学习和教学提出了许多新的见解。

所以，在教学中，学生应该处于中心地位，教师只是学习的帮助者。建构主义学习理论的基本内容可从知识观、学习观、学生观、师生角色定位、学习环境和教学原则等多个方面得到反映。这里，我们从“学习观”与“教学观”两个方面进行说明。

（1）建构主义学习理论的学习观。建构主义学习理论认为，知识是学习者通过意义建构的方式获得的。关于学习的主要观点如下：

以学习者为中心。强调学习是学习者主动建构内部心理表征的过程。学习过程中要充分发挥学习者的主动性。学习过程同时包括两方面的建构，既包括对旧知识的改组和重构，又包括对新信息的意义建构。学习既是个别化的行为，又是社会性的行为，学习需要交流和合作。强调学习的情景化，重视教育过程对情境的创设。强调学习资源对意义重构的重要性。可见，“情境”“协作”“会话”和“意义建构”是建构主义学习环境中的四大要素。

（2）建构主义学习理论的教学观。建构主义学习理论要求一切活动要以学习者为中心。学生是信息加工的主体，是意义的主动建构者，而不是外部刺激的被动接受者和被灌输的对象；教师是意义建构的帮助者、促进者，而不是知识的传授者和灌输者。建构主义很好地解释了如何通过个体与环境之间的交互作用将知识内化为认知结构的过程，同时也解释了学习的机制。

当代建构主义观点主要来源于维果斯基的理论。维果斯基的理论强调学习的社会特性，强调儿童处于最近发展区（最近发展区是指儿童现有的独立解决问题的水平和通过成人或更有经验的同伴的帮助而能达到的潜在的发展水平之间的区域）学得最好，强调提供支架或中介性学习的重要性。

学生要成为意义的主动建构者，就要在学习过程中从以下几个方面发挥主体作用：主动搜集分析有关信息资料、所学问题，提出各种假设并努力加以验证；尽量把当前学习内容和已知的实物相联系，并加以认真思考；把“协作”和“会话”结合起来，使意义建构的效率更高、质量更好。

教师要成为学生意义建构的帮助者，就要在教学过程中从以下几个方面发挥指导作用：激发学生的学习兴趣，帮助学生形成学习动机；通过创设符合教学内容要求的情境和提供新旧知识之间联系的线索，帮助学生建构当前所学知识的意义；为了使意义建构更有效，教师应该组织好协作学习，并对协作学习过程进行引导，使之朝着有利于意义建构的方向发展。

2. 皮亚杰的儿童认知发展理论

皮亚杰是法国著名的心理学家，因其创立了儿童认知发展理论，被认为是当代建构主义理论的最早提出者。所谓认知发展是指个体自出生后在适应环境的活动中，对事物的认知及面对问题情境时的思维方式与能力表现，随年龄增长而改变的历程。皮亚杰通过儿童心理学把生物学与认识论、逻辑学沟通结合起来，从而将传统的认识论改造成为一门实证的实验科学。

3. 合理与不足

建构主义被认为是认知主义的一个分支，它既继承了认知主义的合理之处又另有发展，它不仅仅停留在研究如何认知这个客观过程，还重点研究了学习者作为学习的主体如何利用学习情境对知识进行意义建构，提倡在意义建构时运用多种形式和方法来进行，包括外显的行为方式。他提出了探究学习和合作学习等新颖的学习方法。

建构主义学习理论的不足之处在于其难以解决个人差异问题。建构主义理论指出，世界是客观存在的，但是对世界的理解和赋予意义却是由个人决定的，这导致了个人对外部世界理解的差异性。学习者原有的经验是受学习者个体和群体种族、民族和社会地位影响的，客观地说，城市和农村，甚至同一城市里面的穷人家庭和富人家庭的儿童在入学以前的学习经验就存在差别。因此，对他们进行知识建构时就会受到这些因素的干扰，各自理解出心中不同的“意义”，最终造成了教育的隐性结果的不同。

再者，建构主义学习理论容易缺失换位思考能力。建构主义倡导的知识建构都基于自身的经验，但如果学习者凡事都以自身经验为出发点来思考问题，并养成思维习惯，做任何事都从自己的角度去观察和思考，则不利于发展学习者换位思考的能力，难以站在他人的角度或者换一个角度看待问题，可能在解决某一问题时会出现钻牛角尖的情况。

三、教育传播理论

传播的英文是 Communication，也有人将其翻译为“交流”“沟通”“传通”“通信”等。传播是自然界和人类社会普遍存在的信息传递过程。人类对传播理论的研究始于 20 世纪 40 年代末，研究内容从最初新闻学所研究的“新闻传播”发展到“信息传播”，探讨自然界一切信息传播活动的共同规律。人类进行教与学的过程，其实质是一个信息传播的过程，所以传播理论也是教育技术的基本理论之一。

1. 传播与教育传播

传播是自然界和人类社会的普遍现象，从远古的生物进化，到现代形形色色的社会活动，无不涉及信息的传播和利用。那么什么是传播呢?

归纳起来讲，传播是指传播者运用词语、体语、数字、图片、图表等符号传递思想、感情、知识、技能等信息内容，以影响受传者的行为，或达到信息交流和信息共享目的的行为或过程。

教育传播是由教育者按照一定的要求，选定合适的信息内容，通过有效的媒体通道，把知识、技能、思想、观念等传递给特定的教育对象的一种活动，是教育者和受教育者之间的信息交流活动。它的目的是促进学习者的全面发展，为社会培养各种人才。

与其他传播活动相比，教育传播具有以下特点：

目的明确：教育传播是以培养人才为目的的活动。

内容严格：教育传播的内容是按照教学计划和教学大纲的要求严格规定的。

接受者特定：教育传播的接受者是特定的人群。

媒体的多样化：在教育传播中，教育者既可以充分发挥口语和形体语言的作用，又可以用板书、模型、幻灯、电视等作媒体；既可以面对面交流，又可以远距离传播。

2. 典型传播模式

作为人类传播活动的一个分支，教育传播也必然遵循人类传播活动的一般规律。对人类史上著名的传播模式进行研究，有助于我们正确理解和认识教育传播的过程。利用传播理论的概念、传播过程的要素等来解释教学的过程，并提出适合教学传播过程的理论模式，可以为教育传播学奠定理论基础。

传播学者研究传播过程时，都毫不例外地把传播过程分解成若干个要素，然后用一定的方式去研究这些要素之间的相互联系和作用，这样就构成了数个不同的研究传播过程的模式。

（1）拉斯韦尔模式

美国政治学家哈罗德·拉斯韦尔提出了一个用文字形式阐述的线性传播过程模式，简称为“5W”的模式。简单来说就是从 Who（传播者）—Says what（信息）—In which channel（媒介）—To whom（受众）—With what effects（效果）的过程。

拉斯韦尔传播模式在大众传播中获得了广泛的应用。但这一模式过于简单，具有几个明显的缺陷。

第一，它忽略了“反馈”的要素，是一种单向的而不是双向的模式。由于这种模式的影响，过去的传播研究忽略了反馈过程的研究。

第二，这种模式没有重视“为什么”或动机的研究问题。在动机方面，有两种动机值得重视：一是受众为何使用传播媒体；二是传播者和传播组织为什么去传播。

于是，在“5W”的基础上又产生了“7W”模式。其中每个“W”都类同于教学过程中的一个相应要素。这些要素自然也称为研究教学过程，是解决教学问题所关心、分析和思考的重要因素。这“7W”所指内容如表 1-1 所示。

表 1-1 “7W”模式

模式要素	含义	在教学中的体现
Who	谁	教师或其他信息源
Says what	说什么	教学内容
In which channel	通过什么渠道	教学媒体
To whom	对谁	教学对象，即学生
With what effects	产生什么效果	教学效果
Why	为什么	教学目的
Where	在什么情况下	教学环境

这些要素之间的关系揭示了教学过程是一个动态的传播过程。我们研究教学的效果可以从这些传播要素着手。如传播者和受传者的技能、态度、知识结构、文化背景等，都会对传播效果产生影响；此外，传播渠道和传播信息本身等要素也会影响整个传播的过程。

（2）香农—韦弗的传播模式

香农—韦弗在研究电报通信时提出了一种传播模式，这一模式最初是单向直线式，后来他们改进了这一模式，增添了反馈系统。这一模式被引入解释人类传播过程，获得了广泛的认可。

该模型把传播过程分为 7 个基本要素：信源、编码、信道、解码、信宿、干扰和反馈。这是一种带有反馈的双向传播模式。该模式对传播过程的解释是：传播过程是从信源选出准备传播出去的信息，然后把这一信息经编码器转换为符号与信号，通过一定的信道传送出去。接收端接收到信号之后，经译码器转换成符号并解释为信息的意义，最后为信宿所接受利用。受传者收到信息后，在生理和心理上产生反应，并通过各种形式为传播者反馈信息。另外，传播过程中存在干扰信号，干扰信号可以影响信源、编码、信道、译码、信宿等部分。

现代教育技术采用香农—韦弗的传播模式，主要在于选择与制作适合表达和传播教育信息的现代教育媒体，及时分析来自各种渠道的反馈信息，以取得教育的最优化。

3. 教育传播综述

在教育传播中，当教育信息通过教育媒体在教育者与受教育者之间进行传递时，产生了动态的过程，这就是教育传播的过程。在教育传播实践中，人们总结出一种非常有效的教育传播系统结构，这种结构用文字或图表等形式表达出来，就成为一种教育传播的模式。教育传播模式是对教育传播现象的概括和简明表述，是对教育传播过程的各要素的构成方式与关系的简化，它反映了教育传播现象主要的、本质的特征。

（1）教育传播要素

在教育传播中，构成传播系统的基本要素包括教育者、教育信息、受教育者及媒体/通道。

教育者是教育传播系统中具备教育教学活动能力的要素，是系统中教育信息的组织者、传播者和控制者，如学校的教师、社团的指导者、学生家长等。学校中直接面对学生进行教育教学活动的教师是最重要的教育者。教师的首要任务是发送教育信息，因此，从这个意义上说，“教师”这一名称并不局限于讲台上的教师，还应包括教育管理者和教材编制者等。在特定条件下，教学机器也可以称为教师。在教育传播活动中，教师起着“把关人”的作用，传播什么内容、利用什么媒体，都是由教师决定的。因此，教师必须能实现教育传播系统的整体目标，使学生在德育、智育、体育、美育、劳动诸方面都得到和谐的发展。而要完成这一重任，教师必须做好设计、组织、传递、评价等工作。

信息是教育传播系统的要素之一，是指以物理形式出现的教育信息。教育传播过程是一个信息交流的过程，自始至终充满了教育信息的获取、传递、交换、加工、储存和输出。在教育信息传播过程中，主要的信息是教学目标信息、预测学生信息、教师传送信息、实践教学信息、家庭教育信息、大众传媒信息、人际交往信息、学生接受信息和学生反馈信息等。信息本身是抽象的，只有当它被某种符号表征出来时才是具体的。表征教育信息的符号可分为语言符号和非语言符号两大类。语言符号包括自然语言（如口头语言与书面语言）和人工语言（如专业符号语言、计算机程序语言等），具有抽象性、有限性等特征。非语言符号包括动作性符号、音响符号、图像符号、目视符号等，具有形象性、普遍性、重要性、多维性、整体性等特征。在教育传播过程中，语言符号擅长于描述事实与知识，而非语言符号则擅长于表达态度和感情。合理运用各类传播符号，组成各种类型的教育教学传播活动是提高教育传播效率的有效措施。

受教育者是施教的对象，一般来说就是接收教育信息的学生。在教育传播过程中，作为受教育者的学生，首先要接收传播信号，如阅读教科书和参考书，认真聆听教师的课堂讲授，视听其他多种教学媒体，视听大众传播媒体，参加教学实践与社会活动等。然后要对所接收的信息进行加工和储存，即将接收到的信号转换为语言符号或非语言符号，再将这些符号和已有的经验进行比较、分析与判断，得到符号的信息本义。但在教育传播系统的运行过程中，学生对教育信息的接收并不是机械的、被动的，在大多数情况下，学生主动地接收教育信息，甚至有选择地去接收与理解教育信息。

在教育传播通道中，教育传播媒体是必不可少的要素。教育传播媒体就是载有教育、教学信息的物体，是连接教育者与学习者双方的中介物，是人们用来传递和取得教育、教学信息的工具。各种教育、教学资料都属于教育传播媒体，如标本、直观教具、教科书、教学指导书、教学幻灯片、电影片、录音带、录像带、计算机课件。承载教育信息的所有物质形式都必须能为师生双方的感官所能感受到，这样才能实现教育者与受教育者之间的信息沟通联系。教育传播通道是教育信息传递的途径，教育信息只有经过一定的通道，才能完成传递任务，达到教育传播的目的。按传递的信号形式来分，通道包括图像通道、声音通道和文字通道。通道的组成要素有各种教育媒体、教学环境、人的感觉器官、处理和传播信息的方式。通道也包括由一方传送到另一方所建立的联系方式。师生间面对面地进行教学是一种口耳相传的古老的联系方式。目前，除了印刷技术和光学影像技术外，通信技术、多媒体网络技术也已被教育传播系统广泛采用，成为师生间另一种重要的联系方式。

（2）教育传播过程

教育传播过程是由教育者借助教育媒体向受教育者传递与交换教育信息的过程。通过信息的控制，这些要素之间相互作用，形成一个连续的动态过程。这一过程可分为 6 个阶段。

①确定教育传播信息。教育传播过程的第一步是确定传送的教育信息。传送什么信息，要依据教育目的和课程的教学培养目标来确定。在这一传播阶段，教育者要认真钻研文字教材，对每章节的教学内容进行分析，将内容分解为若干个知识点，并确定每个知识点要求学习者达到的学习水平。

②选择教育传播媒体。选择教育传播媒体来呈现传送的信息，其实质就是编码的过程。某种信息该用何种符号和信号的媒体去呈现或传送是个复杂的问题，要用一套理论与方法去指导。一般来说，一是需要选择的媒体能准确地呈现信息内容；二是需要选用的媒体符合学习者的经验与知识水平，容易被学习者接受和理解；三是选用的媒体容易取得，需付出的代价较少，且能取得较好的传播效果。

③通道传送。教育传播通道通过教育媒体传送出信号，也称为施教。

在这里首先要解决两个问题：一是信号传递的距离与范围；二是信息内容传送的先后顺序。因此，在通道传送前，教育者必须做好每一次传送的结构设计，在通道传送时，有步骤地按照教学结构方案去传送信号。通道传送应尽量减少各种干扰，确保传送信号的质量。

④接受与解释。在这一阶段，受教育者接收信号并将它一一解释为信息，也就是信息译码。受教育者首先通过视、听、触等感觉器官接收传来的信号，信号对感官的刺激通过神经系统传至中枢神经，通过分析将它转换为相应的符号。然后，受教育者依据自身的知识与经验，将符号解释为信息意义，并将它储存在大脑中。

⑤评价与反馈。受教育者接收信号解释信息后，增加了知识，提高了能力，但是能否达到预定的教学目标，还要进行评价。评价的方式方法很多，可以观察学生的行为变化，也可以通过课堂提问、课堂作业以及阶段性的考试等形式进行。评价的结果是教育传播过程中一种非常重要的反馈。

⑥调整再传送。通过将掌握的反馈信息与预定的教学目标相比较，发现教育传播过程中的不足，调整教育信息、教育媒体和教育传送通道，进行再次传播。例如，在教学当中由老师提问，发现问题后可以当即调整；在测验和知识回顾中发现问题，可以进行辅导调整；除此之外还可以补发辅导资料或者集中处理问题等。

（3）教育传播的基本原理

共同经验原理。教师与学生必须把沟通建立在双方共同的经验范围内，才能进行有效地传播。要使学生了解一件事物，教师必须用学生经验范围内能够理解的比喻，引导他们进入新的知识领域。教育媒体的选择与设计必须考虑学生的经验。

抽象层次原理。传播的内容必须在学生能明白的抽象范围内进行，并且要在这个范围内的各抽象层次上下移动；既要说出抽象要点，又要用具体事物来支持；讲解了熟悉的具体事物后，要分析、综合、推理、演绎得出抽象的概念。

重复作用原理。将一个概念在不同的场合重复呈现，能取得较好的传播效果。同一概念用不同的方式重复呈现，也能增强教育传播效果。

信息来源原理。可靠的传播来源有较佳的传播效果。当传播者是接受者乐于接受的对象时，能取得更好的传播效果。教师应以自己的言行树立起学生认可的形象与权威，同时也要与学生建立良好的关系。教师选用的教材、资料的来源应正确、真实和可靠。

最小代价律与媒体选择原理。这是指以最小的努力得到最大的收获。媒体选择原理遵循的公式为：预期选择率＝可能得到的报酬/需要付出的努力。

第四节　教师教育技术能力标准

2004年12月，教育部正式颁布了《中小学教师教育技术能力标准（试行）》（教师〔2004〕9号）（以下简称《标准》）。这是我国中小学教师的第一个专业能力标准，它明确指出了作为一个专业化的教师应该具有的教育技术能力。

《标准》分为教学人员标准、管理人员标准、技术人员标准3类。

教学人员子标准：适用对象为中小学学科教师，其主要职责包括教学环境的设计与管理、教学资源的设计与管理、教学活动的组织与开展。

管理人员子标准：适用对象为中小学教育教学管理人员，其主要职责包括规划与决策、组织与应用、评估与发展、合作与交流。

技术人员子标准：适用对象为基础教育系统中从事技术支持的人员，其主要职责包括辅助教学人员的教学工作、辅助管理人员的管理工作、维护和管理校内的资源、提供技术支持与服务。

3 个子标准又可以划分为 4 大模块：意识与形态、知识与能力、应用与创新、社会责任。

《标准》颁布后，教育部正式启动全国中小学教师教育技术能力建设计划项目，进一步贯彻落实了上述标准，以全面提高教师教育技术应用能力，促进教育技术在教学中的有效应用。

教育部开启教师教育技术培训和认证考试，组织开展以信息技术与学科教学有效整合为主要内容的培训。如今中小学教师教育技术能力培养，从培养机制、考核机构、考核办法、考核方式和认证都已建立一套全国性规范体系，全面提高了广大教师实施素质教育的能力水平。

在制定相应的教师教育技术能力标准时，不同国家和地区往往会结合各自的特点和已有的教师教育实践经验来进行。因此，对于标准的制定，不同国家也许会从不同的出发点进行分析和阐述，内容也会各有侧重。然而，各国标准的制定又都基于教育信息化这一相同的时代背景。因此，各国在制定相应的教师教育技术能力标准时，对信息化背景下的教师专业发展的考察和分析也都有许多的基本共识。纵观国内外现有的教师教育技术能力标准可以看出，标准体系的建构主要有下面 4 个维度。

1. 理解技术和应用技术的能力

理解技术。理解各种技术的基本概念及其对当前社会生活的影响，理解当前的技术资源及其对教学的不同功能。

应用技术。即能够利用技术解决问题，包括了解并掌握技术及其工具的基本操作和了解并掌握技术应用的社会伦理、法律和安全要求。掌握技术工具包括掌握效能工具、交流/合作工具、研究工具与解决问题和决策工具。

效能工具：包括使用技术工具提高效能、激发创造力；使用工具开展合作，开发其他具有创造性的产品。

交流/合作工具：利用技术与同伴、专家及其他读者合作，发布作品并进行交流；采用各种媒体和方式把信息和观点有效地传播给广大受众。

研究工具：使用技术从不同的资源中查找、评价、收集信息；使用技术工具处理数据、汇报成果；根据特定任务的要求，评价与选择新的信息资源，进行技术革新。

问题解决与决策工具：使用技术工具资源解决问题并作出明智的决策；把技术应用在策略开发中，以解决现实生活中的问题。

2. 利用技术支持学生学习的知识和能力

理解技术支持的教学。教师需要从整体上理解技术对社会的深远影响，特别是对教学带来的影响，包括信息社会对学生提出的新的学习要求，技术为学生创造的新的学习条件，以及技术为新的学习理论的实践提供了可能等。

开展技术支持的教学。教师必须认识到教师角色通过开展技术支持的教学慢慢在发生转变，教师们可以尝试各种各样的教育方法来完成教学任务。

3. 利用技术处理课程与资源的知识和能力

教师需要理解信息化教学资源和环境的特征。教师需要能够利用技术处理课程和资源。

4. 利用技术开展新的专业实践的知识和能力

理解技术条件下的专业实践。技术正在改变教师和学生之间的教育关系，技术使得远程的、分布式的、柔性的学习成为可能，教师需要具备一定的技术洞察力，理解技术所具有的潜力。

利用技术开展新的专业实践。技术能够以多种方式帮助教师开展各方面的教学工作，包括为日常专业实践提供帮助、提高专业发展、为教师新的学习和专业发展提供机会。

第二章

多媒体教学环境系统

多媒体教学是在教学过程中，根据教学目标和教学对象的特点，通过教学设计，合理选择和运用现代教学媒体，并与传统教学手段有机组合，共同参与教学全过程，以多种媒体信息作用于学生，形成合理的教学过程结构，达到最优化的教学效果。本章即针对多媒体教学环境系统进行一定的研究与分析。

第一节　语言实验室

早期的语言实验室主要用于语言教学，特别是语言训练教学，仅仅是利用其视听觉媒体的特性。随着科学技术的飞速发展，各种现代化的视听设备逐渐丰富，以计算机为主的学习反应分析器也被引入语言实验室，从而极大地增加了语言实验室的教学功能。语言实验室已从早期的听音功能向视听及交互功能发展，同时，语言实验室在艺术、音乐、医学、商业等方面都得到了广泛的应用。

一、语言实验室概述

语言实验室的建立是由于语言教学的需要和媒体在教育中的广泛应用产生的，而随着科学技术的发展、语言教学的实际需要和各种教学媒体综合功能的扩展，语言实验室也在不断地发展。

语言实验室是一种从单一电声媒体发展而来的具有多媒体特性的系统，是现代教育媒体综合运用的重要成果。它是以录音机为主的音响设备，与电视机、计算机设备和控制设备等装配起来用于语言训练和教学使用的专用教室。

（一）语言实验室的主要设备

语言实验室的主要设备由教师控制台和学生座位厢及提供通信用的各种连接电缆线等几部分组成。

学生座位通常包括专用课桌、录音机、耳机话筒组、显示器和学生座位放大器、呼叫按钮等。座位之间通常安装有隔音用的隔音挡板，有利于学生学习时集中注意力。

学生座位厢上安装的录音机一般为双声道双轨录音机，既可由教师在控制台上进行遥控，又可由学生自己控制操作。

由耳机和话筒组成的耳机话筒组，供学生听音和发音练习使用；学生座位放大器用于学生自己调节听音的音量和选择节目；呼叫装置上有学生向教师发送讲话请求的呼叫按钮和显示教师指令的功能；视听型语言实验室的学生座位厢上还装有显示图像的显示器。

语言实验室的教师控制台主要用于向学生传送各种音频信号，实现各种对学生座位厢的功能控制，包括指示发布、操作控制传输、节目传送等功能。

指示发布部分通常有电源指示、出席指示、呼叫指示、功能指示和节目指示等。

操作控制部分设备包括电源系统、音频电路系统、各种输入与输出连接器、各种功能的控制按键或开关等。除此之外，还有遥控操作装置。

节目传送部分包括一个或多个用于教师向学生传送节目的音源设备。

语言实验室是一种用各种现代听觉媒体组合起来的语言教学场所，在外语教学、语言训练和音乐教学等方面，得到了越来越广泛的应用。

（二）语言实验室的种类

1993 年，国家技术监督局发布了国家标准《语言学习系统通用技术条件》。该标准根据其功能和设备配置，将语言实验室分为以下 6 种类型。

1. 听音型（简称 A-P 型），只装有单纯供听音使用的设备系统的语言实验室，也称“听力室”，设备简单，只有单向通话功能，一般不作上课教室使用，而供学生自学、复习时进行听力训练之用。

2. 听说型（简称 A-A 型），装有双向通话系统，学生除可收听各科录音教材外，还可与教师通话，教师可监听、监录任何一个学生的语言练习。

3. 听说对比型（简称 AAG 型），在 A-A 型基础上，给学生座位上加装双声道双轨录音机，学生可以同时记录教师播放的录音教材和自己的练习作业，便于进行听说对比学习。

4. 视听型（简称 APV 型），在听说对比型的基础上，增加视频系统，可以同时向学生提供丰富的视觉形象，从而取得更为理想的教学效果。

5. 视听说型（简称 AAV 型），是指主动的视听学习。这种语言实验室是在视听型的基础上增加学生使用的传声器，所以它具备学生既能听、能看，又能说的功能。

6. 视听说对比型（简称 AACV 型），是指主动的视听比较型的语言实验室。这种语言实验室是在视听说型的基础上再为学生座位增设录音机装置，使其具有既能听、能看、能说，还能记录和比较的功能。

现在的语言实验室由于采用更多的媒体和利用计算机技术进行管理，

可将学生数量、提问次数、问题回答的正确率、错误率等有关的教学管理的数据显示或打印出来，供教师随时掌握教学现状，随时修正自己的教学方案，将课堂教学置于动态的、交互的快速反应状态下，有利于教学管理人员课后根据实际的反应结果做出统计和检查。

（三）语言实验室的功能

使用语言实验室进行教学，有利于因材施教，有利于学生自学和个别化学习，有利于教师改进教学方法，有利于创造良好的语言环境，有利于提高教学效率。由于结构不同，各种类型的语言实验室所具备的功能不完全一样，参见表 2-1 所示。

表 2-1　常见的集中语言实验室的教学功能

功能/类型		A-P	A-A	AAG	APV	AAV	AACV
呼叫与通话	教师通过扬声器对全班讲课	√	√	√	√	√	√
	教师通过耳机传声器组对全班讲课	√	√	√	√	√	√
	教师对某一小组讲话		√	√	√	√	√
	教师对个别学生进行辅导		√	√	√	√	√
	教师在播放教材中进行讲解和插话	√	√	√	√	√	√
	学生之间互相通话，分组学习		○	√	√	√	√
	学生呼叫教师请求帮助		√	√	√	√	√
播放与示范	播放录音教材	√	√	√	√	√	√
	播放视觉图像				√	√	√
	教师指定听音	√	√	○	√	√	√
	学生自主选择听音	○	○	√	√	√	√
	学生示范		○	√	√	√	√
	教师录音机自动反复播放			○	√	√	√
	学生录音机自动反复播放			○	√	√	√
	学生录制教学内容			√	√	√	√
	学生录制跟读内容，进行对比训练			√	√	√	√

续表

功能/类型		A-P	A-A	AAG	APV	AAV	AACV
监听与记录	教师监听全班学生的学习情况		○	√	√	√	√
	教师监听任意一学生的学习情况		√	√	√	√	√
	教师记录学生的学习情况		○	√	√	√	√
遥控与复制	教师对学生录音机进行遥控			○	√	√	√
	教师对学生传声器进行遥控（全班或分组关闭）			○	√	√	√
	遥控学生录音机复制教材			○	√	√	√
	快速复制录音教材			○	√	√	√
分析与评价	学生出席点名		○	√	√	√	√
	分析学生回答问题状况，显示成绩			○	√	√	√
	评价教学效果			○	√	√	√
	打印分析评价的结果			○	√	√	√

注：√为具备功能，○为选择功能，空为不具备功能。

二、语言实验室的优点和局限性

相对其他教学环境，语言实验室有以下 5 个优点。

1. 可进行集体教学，也可进行个别化教学。

2. 创造了良好的语言学习环境，有利于提高学习兴趣和效率。

3. 语言实验室的个别化教学功能可有效地克服教师对个别学生指导或训练时其他同学处于消极被动的旁听状态，避免了相互间的干扰，让所有学生在整个教学过程中都处于积极主动的状态，提高了单位课时的利用率。

4. 为学习者提供了良好的自学环境与自学条件。学生除接受教师的直接指导外，还可进行自我比较的学习。学生可以反复听，反复训练，消除了心理负担。学习的积极性、主动性得到了充分发挥。

5. 语言实验室的多种功能和交互作用可促使教师更新其教学思想，改变教学方法。

除了上述优点，语言实验室也有以下一些局限性。

1. 座位的隔断，阻碍了师生间的视觉联系，导致教师肢体语言的发挥受到限制，如眼神、动作、表情对学生的积极影响，反过来教师也难以观察学生的学习状况。

2. 师生感情交流少，无法进行良好有效的师生互动。在语言实验室进行教学，师生间的语言联系需要通过机器，似有隔墙之感，有的学生甚至会有被遗忘的感觉。教师在教学中必须注意四周巡视，才能充分利用语言实验室的强大功能，大范围地组织学生进行多种活动，激起学生的学习兴趣，调动学生学习的积极性和主动性。

3. 对师生的能力要求高，特别是对现代多种教学媒体的动手操作能力要求高。大量媒体技术在教育中的广泛应用，要求师生具有很强的学习能力，否则在使用时，不能充分发挥系统的功能，达不到预期的教学效果，另外，还要求教师具有较强的组织与控制课堂的能力。

三、数字语言实验室

数字语言实验室多以多媒体计算机技术、网络技术、通信技术为基础，将语音信号数字化，采用软件控制与硬件处理相结合的方法，通过教师计算机和语言教学系统，控制数字化语音终端的运行，完成语言的教学和训练功能。数字语言学习系统是信息技术和通信技术不断发展的必然产物，是在现代教育理论的指导下，在模拟语言学习系统的基础上，利用现代技术而创造出的一种新的教育技术。

数字语言实验室的起步发展时间不长。2003 年教育部部长专题会议讨论通过了启动“高等学校教学质量与教学改革工程”的总体方案和基本思路，时任教育部高等教育司司长张尧学在《关于大学本科公共英语教学改革的再思考》的报告中指出：改革现在的教学模式，将现在的课本、粉笔、黑板与老师讲、学生听的模式改变为以计算机（网络）、教学软件、课堂综合运用的个性化、主动式学习的模式。自此，数字语言实验室步入国家政策推动、周边市场的技术导入、厂商加大力度的投入开发、用户不断提高的需求、逐步满足外语教学市场稳步做大的良性循环。

（一）数字语言实验室的组成

数字语言实验室作为大型成套教学设备，由硬件和软件组成。

数字语言实验室的硬件部分主要由教师主控台、网络交换机、学生终端 3 部分组成；软件部分由 5 大功能模块组成。

主控台由计算机兼服务器、语音卡及外设组成，其中，计算机是整个实验室的核心部分，要求其配置高、性能稳定。语音卡安装在计算机主板的扩展槽上，目前一般由厂家自主研发，是衡量厂家技术水平的关键部件之一。音频、视频信号都要经过语音卡的处理进入交换机再到学生终端。外设部分主要有投影仪、音箱、扩音机、录放音卡座、话筒、打印机、扫描仪等，使数字语言实验室同时兼具传统模拟语言实验室所有的功能，全面满足外语教学的需要。

学生数字终端分甲、乙两类型号。甲类终端由 5 英寸或 3.5 英寸的液晶显示屏显示文本或教学模式，面板上有 A、B、C、D 考试答题用选题按钮，上下翻页键，音量调节键，耳机和音频输出口等，可进行 AOD 点播、听力选答、阅读选答等无纸化考试和口语考试。乙类终端由标准配置的个人计算机主机和 Windows 操作系统、鼠标、键盘等组成，其功能更齐全，使用效率高，能进行 VOD 视频点播及联网操作，但比甲类终端的价格高。

数字语言实验室的软件部分由 5 个功能模块组成：课堂教学、自主学习、考试功能、教师备课、资料管理。这 5 个模块，是数字语言实验室所特有的。模拟语言实验室虽然也具有课堂教学功能，但它是以录音卡座为基础，功能十分有限，不能满足现代语言教学的需要。

（二）数字语言实验室的功能及特点

数字语言实验室的主要功能及特点如表 2-2 所示。

表 2-2　数字语言实验室的主要功能及特点

功能	特点
全数字化语音传输	全数字化语音传输可以直接利用光盘、资源库或网络资源，也可以利用外接的资源
分组讨论功能	可以直接利用光盘、资源库或网络资源，也可以利用外接的录音卡座、VCD 等播放模拟资料，进行实时数字编码播放
多路“广播”教学功能	可实现任意分组，将全体学生分成若干个小组，分组方式可以是按行、按列或任意自动分组，也可手动“拖拉”学生在各组之间移进、移出，作分组调整。保证了对话交互的实时性，提高了学生听、说及应变等综合能力
自主学习	教师根据学生层次任意编组，制定其收听的音频节目源（多路可选）；学生也可以根据自己的实际学习情况去调节收听进度，做到因材施教
监听和辅导功能	学生可以根据自己的实际需要，连接到资源服务器，查询并点播教学资料库中的音频资料、视频资料、文本资料及进行自我测试（自主考试，还可进行自动评分）以及完成教师布置的作业。可自主控制播放进度，可进行复读、跟读等学习
数字录音功能	教师可监听和查看学生收听资料的情况，了解到每个学生的学习进度、听力水平及听力难点，也可对“电子”举手的某个学生进行单独通话辅导
协作学习功能	学生终端配置了存储量巨大的录音数据存储空间，用于保存学生的录音数据，并可添加到教学资源中长期保存；还可支持口语考试功能，录音答卷统一管理
自由测试	这是一种集体学习形式。学生通过在系统中的电话交流或口语聊天室，可以进行相互交流、讨论；发现他人语言学习中的问题，并帮助解决问题和培养自己的语言能力，共同提高听力和口语水平
考试功能	数字语言实验室的计算机可以随机出题，学生可以在线考试，也可以自己从资源服务器上的开放试题库中调出考卷，进行自我测试，考试完毕后，系统能自动评卷并显示标准答案和得分

第二节 校园网

一、校园网的结构

（一）校园网络概念

校园网络是一个发展的概念，通常是指利用网络设备、通信媒质和相应的协议（如 TCP/IP 协议等）以及各类系统管理软件，将校园内计算机和各种终端设备有机地集成在一起，同时又通过防火墙（Firewall）与外部的 Internet 网络连接，以用于教学、科研、学校管理、信息资源共享和远程教育等方面工作的局域网。可见，校园网络是 Internet 技术在学校中的一个典型应用，换言之，校园网络就是一个特殊的 Intranet。

（二）校园网络结构

所谓 Intranet，就是一类基于 Internet 技术的企业内部网络，它通过防火墙与 Internet 连接。在 Intranet 中，除了能够完成传统局域网的所有操作外，还可以实现 Web 浏览、FTP 文件传输、E-mail 收发、BBS 讨论和聊天等原本在 Internet 上才能实现的功能。

（三）校园网络的硬件组成

校园网的硬件通常由服务器、工作站、网间互联设备、传输媒质等部分组成。

1. 服务器

服务器（Server）是网络上一种为客户端计算机提供各种服务的高性能的计算机。由于服务器是针对具体的网络应用而特别定制的，所以在处理能力、稳定性、可靠性、安全性、可扩展性、可管理性等方面比普通计算机要强。服务器根据其在网络中所执行的任务不同可分为 Web 服务器、数据库服务器、视频服务器、FTP 服务器、Mail 服务器、打印服务器、网关服务器、域名服务器等。上述服务器既可以安装在同一台物理服务器上，也可以分别安装在多台物理服务器上。对于小型的校园网络，往往把 Web 服务、FTP 服务、数据库服务等集于一台服务器上。

2. 工作站

在校园网中，工作站是一台客户机，即网络服务的一个用户。但有时也将工作站当作一台特殊应用的服务器使用，如打印机或备份磁带机的专用工作站。工作站一般通过网卡连接网络，并需安装相关的程序与协议才可以访问网络资源。

3. 网络互联设备

集线器（HUB）：集线器是计算机网络中连接多个计算机或其他设备的连接设备。集线器主要提供信号放大和中转的功能，把一个端口接收的信号向所有端口分发出去，有些集线器还可以通过软件对端口进行配置和管理。通常集线器到各节点间的连接使用双绞线、光纤、同轴电缆等，端口的数量从 4 个到 24 个不等，如果网络中计算机的数目较多，可将集线器级联使用或选用可堆叠集线器。

交换机（Switch）：交换机的外形与集线器很接近，也是一个多端口的连接设备，两者的主要区别在于：从工作方式看，集线器采用广播模式，也就是说集线器的某个端口工作的时候，其他所有端口都能够收到信息，容易产生广播风暴。当网络规模较大时，网络性能会受到严重影响。而当交换机工作的时候，只有发出请示的端口和目的端口之间相互响应，而不影响其他端口（即点对点方式）。从带宽看，集线器不管有多少个端口，所有端口都是共享一条带宽，在同一时刻只能有两个端口传送数据，其他端口只能等待；而交换机每个端口都有一条独占的带宽，当两个端口工作时，并不影响其他端口的工作，因此，交换机的数据传送速率通常要比集线器快很多。此外，学校网络中心的核心交换机往往还具有路由功能。

路由器（Router）：路由器是连接多个网络或网段的网络设备，它能将不同网络或网段之间的数据信息进行“翻译”，以使它们能够相互“读”懂对方的数据，从而构成一个更大的网络。通常路由器有两大典型功能，即数据通道功能和控制功能，数据通道功能一般由硬件来完成，控制功能一般通过软件来实现。

网关（Gateway）：网关是网络连接设备的重要组成部分，它不仅具有路由的功能，而且能对两个网络段中使用不同传输协议的数据进行互相的翻译和转换，从而使不同的网络之间能进行互联。网关一般是一台专用的计算机，该机器上配置有实现网关功能的软件，这些软件具有网络协议转换、数据格式转换等功能。

防火墙（Firewall）：是指一种将内部网和公众访问网（如 Internet）分开的硬件或软件技术。防火墙对流经它的网络通信进行扫描，这样能够过滤掉一些攻击，以免其在目标计算机上被执行。防火墙还可以关闭不使用的端口，而且它还能禁止特定端口的流出通信，封锁特洛伊木马等程序。最后，它可以禁止来自特殊站点的访问，从而防止来自不明入侵者的所有通信。

（四）常用的网络传输媒质

1. 双绞线

双绞线是由两根相互绝缘的铜导线按照一定的规格互相缠绕在一起而成的网络传输介质。常用的无屏蔽层双绞线由 4 对双绞线和一个塑料护套构成。由于线缆的长度受到衰减的严重限制，所以在当前的技术下，传输数据的距离一般限定在 100 m 范围内，双绞线是目前局域网中使用最多的传输介质。

2. 光纤

光纤是以光脉冲的形式来传输信号，材质以玻璃或有机玻璃为主的网络传输介质。它由纤维芯、包层和保护套组成。光纤具有极高的传输带宽，目前技术可以 1 000 Mb/s 以上的速率进行传输。光纤的衰减极低，抗电磁干扰能力很强，所以传输距离可达 20 km 以上，但价格高，安装复杂和精细，需要使用专门的光纤连接器和转换器。

二、校园网络的特点和功能

校园网络最初的概念是以硬件集成为主，即只是一个硬件平台，到第二阶段又提出以教学应用软件集成为主的软件建网的校园网概念，这也是当今大多数校园网所采用的模式。现在，越来越多的人发现，“硬件+软件”的模式还远不能发挥出校园网的优势，校园网应该建构在全新的教育模式上，而不应依附于传统的教学模式，所以诞生了“硬件+软件+现代教育”模式的新一代校园网概念。因此，建设校园网的真正目的在于为学校师生提供教学、科研和综合信息服务的高速多媒体网络。

（一）信息发布

学校的 Web 主页犹如学校的一个窗口，学校可以通过这个窗口向世界各地的人们充分展示学校的形象。一般来说，学校主页的主要内容包括：学校历史、院系、部门介绍、专业设置、招生与分配信息、教学与科研信息等。学校主页上可以发布学校的各种重大事件，会议通知和安排，也可以发布各种公文，这样既节省了时间和费用，又增强了公示的效果。

（二）教学应用

校园网的主要功能就是教学应用，它可以由网络教学平台提供支持，以网络教学信息资源库作为信息来源，运用多种网络工具完成网络教学任务。

1. 网络教学支持平台

网络教学支持平台是学校开展网络教学活动的支撑系统，它可以包括网络备课、网络授课、网上课程学习、网上练习、在线考试、虚拟实验室、网络教学评价、作业递交与批改、课程辅导答疑、师生交流、教学管理等模块。因此，一个完整的网络教学平台应具备以下功能：

（1）具备支持教师备课、授课、提问答疑与讨论、作业布置与批改、题库维护、组织考试与活动、试卷分析等功能；

（2）具备支持学生选课、学习、递交作业、提问、讨论、实验、资料查阅、考试等功能；

（3）具备支持基于流媒体的网络实时与非实时授课系统；

（4）具备支持教务人员进行学生管理、课程管理、资料管理、教学质量分析等功能；

（5）具备支持教师通过各种网络工具，相互之间或与外校的教师之间进行教学方法、教学艺术的交流与探讨等功能；

（6）具备支持连接 Internet，实现远程教育功能，利用远程教学方式，使得学生学习别的学校的课程成为可能。

2. 教学信息资源库

教学信息资源库是学校进行网络教学的重要组成部分，它包括多媒体素材库、教案库、课件库、试题库、学科资料库等。同时，资源库还应为师生提供全文检索、属性检索，提供资源的增减与归类，还可以提供压缩、打包、下载等功能。

（三）管理应用

建立在校园网络基础上的学校管理信息系统（MIS）可以为学校在人事、教务、财务、日程安排、后勤管理等方面，提供一个先进的分布式管理系统。将会使原有的管理模式从纵向、单通道、依靠个人经验判断和决策的简单模式，发展成为多向、多通道、网络状的复杂模式，从而提高管理效率，达到事半功倍的效果。基于校园网络的信息管理系统将提高原有人工管理或单机管理系统的效率，扩大管理系统的应用领域；能更加及时地搜集、统计、分析学校的各种信息，利于学校的行政管理和教学管理，充分发挥学校的整体功能，更好地为教育工作服务。

基于校园网络的计算机管理信息系统在功能上具有以下一些特点。

1. 共享数据库资源。可以避免同样的数据在多处重复存储的浪费现象，如全校学生、教职工的基本信息就可以为校内各个管理部门所共享。

2. 共享软硬件资源。可以在本系统没有相应资源或本系统负载已满时，将新任务交给其他系统处理，并且避免了某些软件研制上的重复劳动。

3. 提高系统可靠性。当某个计算机系统因故障停止工作时，可由别处的计算机系统代为处理。

4. 提高办公效率。校园网络还给学校办公自动化提供了技术基础，可以通过校园网络迅速地传递、复制或保存各类信息，这将节约人力、时间、纸张印刷费用。

学校通过校园网络可以建立一个集中和分散相结合的分级、分布式数据库管理系统，既实现学校各部门之间大量数据的共享，同时也为管理人员及时提供数据，为他们快速做出决策提供了帮助。

利用校园网络提供的通信功能，可以为教职工和管理人员提供较完善的多媒体电子邮件（E-mail）功能，能向各部门和管理人员发送各类通知、布告等消息。学校还可以利用校园网络召开电子会议。

（四）科研应用

校园网络可以使用户共享各类计算机软、硬件资源及学术信息资源，从而提高科研的效率。另外，校园网络还可以降低科研的成本。科研人员可以通过校园网络形成一个工作小组，在不同办公室里的科研人员可以方便地通过网络与其他成员交流设计思想和设计方案。同时，人们还可通过校园网络与因特网的连接检索世界各地的信息资料，也可以使用电子公告栏（BBS）与世界各地的专家探讨最新的思想，发表、交流学术观点，交换论文等。

（五）数字化图书馆

校园网络的建设对数字化图书馆的建设与应用有着巨大影响。数字图书馆是以数字化格式存储海量的多媒体信息，并能对这些信息资源进行高效的操作，它的资源数字化、联系网络化、获取自主化等优点是传统图书馆无法比拟的。数字图书馆不仅可以联机查询、借阅，还可为管理人员提供业务数据，便于及时分析研究，加强宏观管理。更为重要的是，用户可以通过校园网络访问图书馆的联机数据库，方便地对图书馆的图书、文献信息进行检索与阅读。

三、校园网的应用实例

（一）高等院校校园网络

A 大学是省属重点大学，根据校园网络建设的一般规律和 A 大学的具体情况，并与当地的电信公司合作，制定该校校园网络建设的总体目标：具备教学、管理和通信三大功能。教师可以方便地浏览和查询网上资源，进行教学和科研工作；学生可以方便地浏览和查询网上资源实现远程学习，通过网上学习学会信息处理能力；学校的管理人员可方便地对教务、行政事务、学生学籍、财务、资产等进行综合管理，同时可以实现各级管理层之间的信息数据交换，实现网上信息采集和处理的自动化，实现信息和设备资源的共享。

1. 校园主干网技术

选择千兆以太网技术来构建校园主干网络，整个网络是一个星型拓扑结构，中心节点设在学校网络管理中心，其余各主干节点分别设在学校的主要大楼内。通过主干节点向周围的节点延伸，从而使校园网络覆盖全校范围。并对两层节点和桌面 PC 机的接入采用快速以太网，建立一个基于多层、全交换的虚拟园区网，保证建成后的网络在一个较长的时间内具有较强的可用性和一定的先进性。

2. 网络设备

在网络设计时，应选用扩充能力和升级能力比较强的网络设备，A

大学基本上都选用Cisco公司的网络设备，主要考虑网间互联技术和产品供应商能为客户提供可靠、可用、先进、安全而又易于管理的产品。所选用的交换机支持设备管理、VLAN划分等。校园主干交换采用两台Cisco 6509型第四层千兆光纤交换机作为核心交换机、两台Cisco 4006第H层交换机作为中心交换机，配置若干台Cisco 3548二层交换机作为二级交换机。二级交换机通过千兆光纤连到主干交换机上，构成星型的拓扑结构，使得主干网具有较好的可扩展性和可管理性；下属节点采用10/100 Mb/s接入方式，可实现100 Mb/s到桌面。接入层采用二层交换机，实现校园内部虚拟网的划分，使网络中广播包消耗带宽所占的比例大大降低，同时也极大提高了网络的性能和安全；汇聚层采用三层交换机，利用三层中心交换机上高性能路由模块的管理和控制，实现内部各VLAN间的互访，需要访问局域网外资源时，才经三层交换机路由到核心层的骨干交换机，这样就极大减少了核心层的负担。整个校园网络通过Cisco PIX-535防火墙连接ChinaNet。

服务器平台选择Sun服务器以及Dell服务器具有很好的开放性和互联性。在主机系统建设中，选用UNIX与Windows 2000 Server、Linux相结合的方式：用UNIX服务平台作为收费流量数据采集，Windows 2000 Server和Linux服务平台作为WWW、FTP、Mail、DNS、DHCP服务器以及数据库服务器和视频点播服务器，为用户提供友好的界面。

大量的教师和学生用户上网的IP通过DHCP动态获取，学校为了维护用户的合法权益不受别人侵害，提供了各种安全机制，采用“IP+VLAN+MAC+用户名+密码”多重绑定的安全机制，并通过Web方式认证。在Web认证方式下，不需要用户添加额外的客户端软件，只用Windows自带的IE就可实现“用户名+密码”的输入，简化了用户的主机配置工作，同时减少了网络管理者过去必须做的为大量用户提供客户端软件安装调试的工作量。

A大学校园网络由学校网络管理中心负责管理，中心所承担的任务包括：网络正常运行的监视与维护；网络性能和安全管理；提供与管理信息资源；网络用户培训；注册和目录服务；校园网的技术支持等。

（二）中小学校校园网络

中小学校校园网络作为“校校通”的信息平台基础工程，它的建设不同于高等院校的校园网络，它的结构设备接入的是中心交换机与校园主要服务器，连接采用千兆铜缆技术。由于目前宽带接入（如 ADSL、宽带城域网等）的兴起，一般采用宽带接入网关路由器来实现校园网与 Internet 的安全互联。

由于教育行业特别是中小学校的资金承受能力有一定限制，专业维护人员也比较缺乏，因此，对系统的性价比和使用方便性也提出了很高的要求，应用和管理应简便易行，界面友好。

由于中小学校校园网络的专业管理与开发人员较薄弱，所以根据中小学校的特点，除在选择网络系统软件时要考虑安全稳定、简单易用、通用性强外，在校园网主服务器应用软件的选择上，还应与学校的教育改革需求相适应，着眼于为新的教育理念、教学模式服务，使学生在教学活动中的主体性得到发挥，因此，校园网应用软件可以考虑包含以下一些功能。

1. 教学资源管理

课件发布管理功能模块：网络用户（教师、学生）可在本地或远程将自己的课件上传到校园网服务器上。

教案发布管理功能模块：使用本系统可以非常方便地管理好教师的电子教案，为教师的教案制作提供便捷的交流平台。

教学资源库管理功能模块：可将不同的资源上传到不同的资源库，支持各种格式的素材资源（如视频文件、音频文件、各种文档等）的下载。同时，建立与互联网各类中小学教育教学信息资源库的链接。

2. 师生交流平台

公告发布管理功能模块：系统提供的公告管理主要包括公告登记和公

告维护两项功能，通过本功能模块可将校内通知、公文等发布到校园网上。

新闻发布管理功能模块：系统提供学校自行编写新闻、上传新闻、发布新闻的接口，同时也可同相关的新闻网站进行有效的连接，以便提高校内新闻的有效性和真实性。

BBS 发布管理功能模块：BBS 管理分为信息讨论平台和信息管理平台两大部分，每个学校可根据每个时期的实际情况将校园 BBS 划分为不同的讨论区，发布不同的讨论文章。

邮件管理功能模块：内部邮件管理主要包括校长信箱与信息交流两大部分，使用本系统可为全校师生开通内部邮件的信息处理功能，为广大师生之间的交流以及师生与校长之间的沟通提供应用的平台。

3. 网络课程

网络管理模块：包括学生注册、教学、练习、考核、登记、成绩统计与分析等内容。

网络课程内容：各学科适合在网上学习的内容，教师要注意分析不同学科的特点，并结合网络的特点来设计网上课程的内容，避免简单的“书本搬家+题海”的模式。

网络视频点播系统：采用目前使用范围最广泛的 RealServer 作为后台流式服务器的支持平台，它具有快速、高效、支持多种媒体格式的优点，可同时支持 500 个以上的并发客户端点播，能够满足学校进行视频教学（远程教育与视频点播、直播）的大部分需要。

4. 教务管理

学校管理功能模块：学校管理是实现系统信息初始化的过程，主要为学校提供有关学校本身的各种基本信息管理。

学籍管理功能模块：学籍管理包括新生管理、学生基本信息管理、学生成绩分析、升级管理等，如在新的一年中，可以进行升级处理，特别的可以进行退学、留级、跳级、转学的处理。

教师档案管理：主要包括对教师的基本信息、培训信息、考勤信息、教学情况、工资状况、健康状况、心理状态等多种信息的管理。

分班管理功能模块：有自动分班和手工调整的功能，在分班中采用较好的“s 形分班”算法，较好地实现了分班，这种算法适合大多数学校使用。

成绩管理功能模块：成绩管理主要是进行成绩信息录入、修改、浏览、查询、统计等，包括对考试优秀率、及格率、最高分等的定义。

科研管理功能模块：主要实现的是对校内科研数据的维护，包括课题、论文、成果、奖励、文件的管理。

5. 图书管理

图书管理系统模块：主要包括图书编目、图书网上查询、读者账号与借阅管理、图书账目管理等，有条件的学校还可以与各数据库、数字图书馆链接，为教师的教学科研提供方便。

6. 一卡通管理

当前有条件的学校在学生中使用一卡通，通过一张磁卡对学生在学校的主要活动进行管理，包括财务管理、医疗管理、食堂管理、设备管理、图书管理及学籍管理等。

7. 学生活动中心

该模块可以包括：学生班级主页、英语角、文学园地、科技活动园、红领巾园地、共青团之家等，为学生提供丰富的业余生活，创造良好的校园网络文化氛围。

8. 校外联络平台

校友录管理功能模块：对学校的历届毕业生和即将毕业学生的各种信息进行有效的管理，系统采用了校友录的管理模式，在处理毕业的学生时，将所有的信息直接转入该管理模块中去。还有如网上家长联系与咨询平台、家庭作业辅导系统等。

校园网络的建设没有固定的模式。每个学校具体的社会环境、经济条件、人文条件、教学环境等都是不同的，而各地的社会环境又是变化发展的。因此，校园网络的建设要因地制宜，注重实用。

第三节　多媒体教学系统

一、多媒体教室

多媒体教室也称多媒体演示室，是根据现代教育教学的需要，将多媒体计算机、投影、录音、录像等现代教学媒体结合在一起而建立起来的综合教学系统。它能使教师方便、灵活地应用多种媒体实施多媒体组合教学，可使教学过程更加符合学生的认知、理解和记忆规律，从而提高教学效果和效率。

（一）功能与设计

1. 基本功能

一个多媒体教室应该具备下列基本功能：

（1）连接校园网、Internet，使教师能方便地调用丰富的网络资源，实现网络联机教学；

（2）连接闭路电视系统，充分发挥电视媒体在教学中的作用；

（3）演示各类多媒体教学课件，开展计算机辅助教学；

（4）播放录像、VCD、DVD 等视频教学节目；

（5）展示实物、模型、图片、文字等资料；

（6）能以高清晰、大屏幕投影仪显示计算机信息和各种视频信号；

（7）用高保真音响系统播放各种声音信号。

2. 设计思想

（1）设施与功能的完备。多媒体教室应该能以先进的教学模式组织开展丰富多彩的教学活动，达到提高教学效率、增强教学效果的目的。同时，多媒体教室还应满足多学科多媒体演示教学及开展各种学术活动的需要，能让教师在教学中通过多种渠道和不同的手段随时调用各种类型、不同来源的教学资源，使用如幻灯片、投影片、图片、实物、模型、录音带、录像带、影碟片、CD-ROM 光盘、各类教学软件、各类网络信息等。

（2）操作的简便与可靠。根据多媒体教室所需的教学功能，一个完善的多媒体教室需配备多种教学资源输入载体（如计算机、录像机、影碟机、视频展示台、话筒、功放等）和输出载体（如投影仪、屏幕、音箱等）。采用多媒体中央控制系统是比较理想的方案。利用智能化技术将多媒体教室的各种设备集中管理控制，将多种设备的操作全部集中到同一个操作界面上，该界面既可以是计算机软件界面，也可以是按键面板或集成遥控器，以简单明了的菜单方式提供给使用者。上课教师只需在一个界面上就能轻松自如地完成对各种教学设备的操作控制，从而大大提高设备利用率，缓解教师的劳动强度。

（3）教学环境的舒适与实用。多媒体教室应该营造具有现代气息、和谐舒适的教学氛围。学生课桌和教师讲台力求式样新颖、结构简洁、色彩明快，并与教室窗帘、墙面、天花板的装饰形成一个和谐的整体，使教师和学生在多媒体教室里能以轻松愉悦的心情开展教学活动。此外，多媒体教室还应重视照明环境和声学环境的建设。

（4）教室整体布局的科学、合理。教室在结构布局时，首先应该考虑其整体结构的科学性及合理性，尤其是线路的布局，它的合理与否会直接影响今后的使用和维护。

（二）系统基本构成

目前，多媒体教室的构成一般以多媒体计算机系统为核心，由投影仪、电视机、视频展示台、大屏幕、影碟机（VCD 或 DVD）、录像机、音响设备等多种教学设备共同组成。

1. 系统结构

一个由多媒体计算机与各种视音频设备组成的、由中央控制系统集成控制的多媒体系统结构与校园计算机网、闭路电视网连接，系统中的多媒体计算机不仅发布各种教学信息，还可以作为中控系统的操作平台。各种不同类型的教学资源通过相应媒体送入中央控制系统，然后通过计算机软件界面（或桌面按键面板、遥控器）进行操作控制，完成各种信号之间的切换，实现对视音频设备的全面控制。在这个多媒体系统中，教师能通过直观、简便的操作，以人机对话的方式调用各种教学资源。

2. 设备选择与安装

根据多媒体系统的构成及其特点，在选择设备时，应考虑媒体设备与总控制系统的配套性、媒体设备在系统中所起的作用以及设备本身的质量和性价比等多种因素。

（1）中央控制系统。整个多媒体教室中的全部媒体设备都由中央控制系统集中管理控制。该系统采用单片机多机通信技术和系统集成技术，将被控设备的各种操作功能按照用户实际操作要求进行组合处理，然后将其具体对每一媒体或设备的操作过程集成一体。控制面板或红外遥控器或计算机控制软件对录像机、影碟机、视频展示台、计算机、投影仪、功放等设备进行电源和基本操作的集成控制，还可控制教室内的环境设施，如电动屏幕、照明灯光、电动窗帘等。有的中央控制系统还设有自动开关，即按两下“系统关”键，系统会自动遥控关闭投影仪，使电动屏幕升起来，将功放电源关闭，延时设定时间后关闭设备电源，延时几分钟后（可设）关投影仪电源，最后关闭系统主机电源。这样教师不需经过专门培训即可在教学过程中自如使用并操作各种媒体设备。

（2）多媒体计算机。这是多媒体教室的核心，在系统中既是计算机教学媒体，又是网络连接设备，可能还是中央控制系统的操作平台，由于其多数时间处于多任务工作状态，所以尽量选配运行速度快，内存大，配有声卡、网卡，光驱纠错能力强，且工作稳定可靠（品牌机）的多媒体计算机。因多媒体教室的计算机要适合不同课程的教学，软件的配置要兼顾不同课程的需要。对于没有安装还原保护卡的计算机应安装系统保护还原软件，以防由于误操作等引起的故障。

（3）视频展示台。视频展示台又称实物展示台，它目前已渐渐取代了传统的胶片投影仪和幻灯机的大部分功能。视频展示台不但能将胶片上的内容投到屏幕上，而且可以将各种实物甚至可活动的图像投到屏幕上。但是视频展示台只是一种图像采集设备，最终将图像展示出来，还需通过外部设备的参与，如电视机或投影仪。

（4）投影仪。投影仪是多媒体教室中计算机、视频展示台、VCD、录像机的视频再现设备，是目前多媒体教室中价格最贵的设备。多媒体投影仪的产品从技术角度上分为阴极射线管投影仪（CRT）、液晶显示投影仪（LCD）和数字光路投影仪（DLP）。

（5）音响系统。多媒体教室中的音响应选择频响宽、保真度高的系统，以适合多媒体教学的需要，同时，应具有话筒混响功能，使教师能在播放媒体内容的同时进行评论和讲解。其他音视频媒体设备通常选用具有红外遥控的市场主流机型即可。

3. 教室环境建设

多媒体教室的环境建设要同时考虑整体环境、照明环境和声学环境三个方面。除安放各种设备的教师讲台和学生课桌应样式新颖、结构简洁、色调明快外，还可以在教室顶部和后部墙面采用吊装和敷设多孔纸面石膏板，利用它们和窗帘的吸音特性，有效地调整教室的吸音量，减少混响时间，以获得预期的声场效果。在照明灯光的处理中，可以将学生座位区的吊顶设计成向后逐渐升高的“锯齿”状，在“锯齿”向后的平面上，安装内嵌式格栅日光灯。利用日光灯安装平面与水平面之间的夹角，使座位区的照明光线不会照射到投影屏幕上。经过这些技术处理，多媒体教室的照明方式、音质条件以及外观形态将构成一个和谐的整体。①

二、多媒体网络型教室

（一）多媒体网络型教室的结构

多媒体网络型教室，是指分布在一个教室范围内的用于课堂教学的计算机局域网络。网络教室的组成比较简单，当计算机数量较少时，由集线器（Hub）和双绞线连成共享式局域网；计算机数量较多的网络教室，则需要交换机或交换式 Hub 组成局部交换式的网络。

多媒体网络型教室一般配置如下所述。

1. 与互联网连接。为便于存取校园网和互联网上的教学资源及开展网上交流，网络教室应通过校园网或 ADSL 与互联网连接。

2. 配置多媒体设备。学生机应配置网卡、声卡、CD-ROM 及耳机等部件，教师机加配采集卡、投影仪、扫描仪及 TV 卡等部件。

3. 安装控制系统。控制系统是以计算机网络系统为基础，在教师机和学生机上添加相应的硬件或软件，对教室的设备进行控制和信息资源的传输与共享，使计算机网络的功能得以实现。

4. 配置教学信息资源。教学信息资源是网络教室最重要的组成部分，没有教学信息资源，网络教室就没有应用价值。教师机通常存放本地教学资源库，如辅助备课资源库、学习资源库、资源开发与搜索工具等。

（二）多媒体网络型教室的主要功能

1. 实时广播教学

教师可以将屏幕内容或讲话声音传递给全体学生、部分学生或单个学生。实时广播包括屏幕广播和声音广播。屏幕广播不仅在一定程度上发挥黑板的作用，还可以插入各种精美图片、音视频动画或图像，丰富黑板的功能，提高课堂教学效果。声音广播使网络教室具备语音室的功能。

---

① 张福高，张霞霞．现代教育技术［M］．成都：电子科技大学出版社，2017.

2. 远程控制

教师可根据教学活动的实际需要，要求学生机远程执行某种命令，达到相应的控制效果。比如对学生机器进行锁定或解锁、关机或启动、全体黑屏和个别辅导等。

3. 学习监督

通过学习监督功能，教师可以在自己机器上观看和检查网络上全体学生、某个小组学生或个别学生的屏幕信息。这样教师不用离开自己的位置就可以了解学生的活动情况，及时进行指导或教学活动控制。

4. 实时分组

实时分组是指教师在教学过程中可以对全班学生按机号进行分组，组成学习小组开展学习或竞赛活动。

5. 在线交流

通过在线交流功能，师生之间、学生与学生之间可以相互交流信息。交流的方式可以是语音交流，也可以是文本交流。

6. 电子举手

在教学过程中，学生如果想提问，可以随时通过自己的计算机请求发言，即所谓的“举手”。教师机上可以随时看到学生的“举手”信息，并决定是否允许学生提问。

（三）多媒体网络型教室的教学应用

利用多媒体网络教室可以有效地完成多种教学任务，其应用形式主要有以下几种。

1. 多媒体课堂教学

在教学过程中，通过文本、声音、动画、图像和图片等多媒体信息表达教学信息，可以激发学生的兴趣，提高教学效率和质量。在网络教室中，可以方便地将多媒体教学信息集成在一起，开展多媒体课堂教学。甚至可以把其他学校的直播课堂或网上学习资料引入课堂，极大地丰富教学的资源。同时还有利于教师对学生进行个别辅导，开展因材施教。

2. 电子备课

教师开发电子课件经常遇到两个问题：一是相关资料不足；二是文件较大不容易移动。在网络教室备课这两个问题可以解决，网络教室中资源库可以为教师提供丰富的资源，教师还可以把做好的课件存入资源库供课上调用，解决了磁盘装不下、不便于移动的问题。在网络教室备课，还有一个好处就是可以实现资源的共享，例如学校购买的教学资源可存入服务器或教师机，同时供多个教师使用。另外，教师不断把课件存入资源库，可以使资源库不断得到丰富，为教师间的交流共享提供途径。

3. 学生利用网络教室资源进行自学

学生可以利用网络教室服务器提供的学习资源进行自学。如果网络教室连入互联网或校园网，还可为学生自学提供一个更加开放的资源共享的学习环境。

4. 网络练习和测试

教师可以通过网络教室为学生提供课堂练习或进行考试，既避免了打印、发放试卷的麻烦，又可以及时了解学生答题情况，甚至可以当场完成试卷评判，提高了教学效率。

三、网络教学机房

学校的网络教学机房就是由几十台甚至上百台联网计算机组成的计算机实验室，是学校进行信息技术理论知识和实践环节教学的重要场所。网络教学机房具有多媒体广播教学（屏幕广播、语言广播）的特点。它改变了传统的教学模式，将计算机教学的功能变得多样化，教师不必再花费很多时间板书，实现了集体教学、分组练习与个别辅导的教学环境，使普通的计算机教室与高级演示、视听、语音教学融于一体。

（一）网络教学机房简介

网络教学机房由布置安放在专用房间中的众多计算机和连接这些计算

机的网络布线系统及交换机等组成，主要包括以下 5 个部分。

1. 计算机：最好选择同一型号规格的机器，特别是选择带有硬盘保护和网络复制功能的专为学校机房设计的机器，以便于今后的维护和管理。

2. 交换机：应使用 100 MB 或 1 000 MB 以太网交换机，不建议使用集线器，因其网络传输速度太慢。交换机多为 24 口的，所以一个机房要有多台交换机。交换机可以集中放置，这样方便管理和维护。但双绞线使用量大，为减少布线量，也可分散靠近计算机放置。多台交换机要正确级联到上一级交换机，不可形成环路。

3. 布线系统：使用超 5 类以上双绞线，用星形拓扑将计算机连接到交换机。电源线和网络线的布放应在房间土建和装修时就要予以考虑，尽量做到规范、美观和便于管理。

4. 服务器：如需要可设置服务器，可放置在网络教学机房内，或者放置在校园网的中心机房内。对于使用范围大和重要的服务器，应放置在中心机房内，这样既有安全的使用环境，也便于管理和维护。

5. 软件系统：目前一般使用 Windows 操作系统及一些常用工具软件和教学所需的各种应用软件，还有电子教室软件和机房管理系统。

网络教学机房的基本功能如下：

1. 供计算机相关课程的学生实习上机操作。如计算机基础课程、程序设计课程、多媒体课件制作课程和各种模拟实验课等。

2. 提供使用各种网络服务和应用的平台。如远程网络教学、教务管理、电子图书馆、信息浏览查询、无纸化考试等众多的网络服务和应用。

3. 开展交互式多媒体教学。在安装了网络电子教室软件后，教师可以实现多种方式的交互式多媒体化课堂教学。

4. 通过机房管理系统，可以实现按教学安排自动化管理机房的功能。

统一建设和管理学校的网络教学机房，可以提高设备的利用率和管理效率，使其发挥更大的综合效益。

（二）网络教学机房的维护和使用

1. 网络教学机房操作系统的安装部署

网络教学机房要便于快速安装部署软件系统，即安装设置好一台机器的软件系统后，通过网络复制功能将系统复制安装到机房的其他所有机器，安装完成之后机器应自动更改 IP 地址、机器名等相关参数，这样才能提高网络教学机房的管理维护效率。所以，网络教学机房的设备配置时，最好选用同一型号规格的机器，特别是选择带有硬盘保护和网络复制功能的机器，这样便于今后的维护和管理。

2. 网络教学机房软件系统维护

网络教学机房由于使用频繁、使用对象众多和目的各异，所以必须对机器的软件系统进行有效的保护，避免错误操作、故意破坏和计算机病毒的危害，从而保证机器的完好率和使用效率，减少维护的工作量。

对系统的保护可以用硬件和软件的方法实现。硬件保护是在计算机上安装硬件还原卡；软件还原只需安装还原软件即可达到软件保护的目的，比如还原精灵、冰点等还原软件。一般来说，各大计算机厂家都为其生产的计算机专门设计了保护系统，效果都比较好。

3. 网络教学机房的管理

网络教学机房具有机房数量多，每个机房计算机数量多等特点。为了有效地管理好网络教学机房，机房管理软件应该具有以下 4 种功能。

（1）具有开放机房自动化管理功能。可根据不同机器（机房）、不同上机时间（正常教学与自由上机）自动区分并实现其管理功能与计费功能；在上机班级的课表安排时间内，学生打开计算机后自动登录机房管理软件，学生可正常使用计算机。

（2）用户管理。对每个学生的账号进行有效的管理，非教学上机时，学生必须登录机房管理软件，通过身份验证后方可使用计算机，学生下机后系统自动结算费用。

（3）用户上机情况记录。机房管理软件应能记录和查询到每一个用户的基本情况，主要包括用户上下机的详细情况记录，比如：用户何时上机，使用哪间机房的哪台计算机，下机时间，上机消费情况等。

（4）实时监控机房上机情况。机房管理教师通过机房管理软件能查看到当前各机房上机的详细情况，包括：各机房有哪些用户在使用计算机，机房还剩余多少计算机没有使用等。

第四节 微格教学系统

师范生在正式走上教师岗位前，都会经历试讲和实习两个阶段。传统的试讲和实习，一般都是在教室进行，存在试讲者不能发现自己的问题、教学内容讲不完、忘记教学内容、语言不规范等问题。为了避免这些问题，在20世纪60年代产生了微格教学训练系统。该系统可以让受训者扮演教师，小组成员扮演学生，模拟真实课堂教学环境，同时将上课过程如实记录和保存，并及时、如实地反馈给受训者，是训练师范学生和在职教师教学技能的重要手段。

一、微格教学系统

微格教学是理论与实践相结合，利用现代教育技术系统训练师范生和在职教师掌握教学技能的方法。微格教学并不意味着教学内容或者教学过程的简化或不生动。它是指以少数的学生为对象，在较短的时间内（5~20 min），尝试小型的课堂教学，可以把这种教学过程摄制成录像，课后再进行分析。这是训练新教师和提高在职教师教学水平的一条重要途径。

根据多年的微格教学实践及国内微格教学的研究情况，将微格教学的概念定义为：“微格教学是一个有控制的实践系统，它使师范生或在职教师有可能集中解决某一特定的教学行为，或在有控制的条件下进行学习。它是建立在教学理论、视听理论和技术基础之上的，系统培训教师教学技能的方法。”

微格教学实际上是提供一个练习环境，使日常复杂的课堂教学得以精简，并能使练习者获得大量的反馈意见。由此可见，微格教学有集中性、简单性、反馈性、创新性等优越性。

（一）微格教学的组成

现在的微格教学系统一般由一间或多间微格教室、总控制室、观摩室几个部分构成。

1. 总控制室。总控制室可以控制任一微格教室中的摄像机和镜头，可以监视和监听任一微格教室的图像和声音，并可随时暂停在某一个微格教室与之进行电视通话，也可以对微格教室播放教学录像与电视节目。它可以把某个微格教室的情况转播给其他的微格教室，进行示范；可以录制某个微格教室的教学实况供课后讲评。总控制室的主要设备包括计算机、主控机、摄像头、录像机、VCD、监视器、监控台等。

2. 微格教室。微格教室是开展模拟训练的场所，是缩小的课堂教学教室，配置了进行模拟教学的各种教学设备供训练者使用，同时配置了微格教学设备。话筒、摄像机用于拾取模拟教学过程中的画面和声音，摄像机由控制室进行控制；电视机用于重放已录信号，供同步评价分析之用。

3. 观摩室。观摩室主要用于教师现场评述，或让较多学生同时观察和分析，也可以作为班级教学实况摄像的场所。观摩室内教学设备按普通教室或多媒体教室配置。配置电视机，把控制室处理后的信号送到电视机上，实时播放教学训练情况，供指导教师现场评述，让更多学生观摩分析。室内一般配置两台摄像机：一台放置在教室讲台前侧拍摄学生；另一台放置在教室的后面，用于拍摄教师评述现场，或用于课堂实况拍摄。亦可只配置单机，采用单机拍摄。

（二）微格教学的实施

微格教学的实施过程是以现代学习理论、教学理论、现代教育技术理论以及系统科学理论为指导的教学技能训练过程。经过长期的实践和理论研究，微格教学的基本模式确定为“备课—授课—反馈—再授课”，具体地讲，微格教学的实施包括学习和研究教学理论与教学技能、确定训练目标、观摩示范、分析与讨论、编写教案、微格实践教学、评价反馈、修改教案、再实践等步骤。

1. 学习和研究教学理论与教学技能。微格教学是在现代教育理论的指导下进行的实践活动。在实施模拟教学之前应学习微格教学、教学目标、教学技能、教学设计等相关的内容。通过理论学习形成一定的认知结构，以利于以后观察学习内容的同化与顺应，提高学习信息的可感受性及传输效率，以促进学习的迁移。在每项教学技能训练前，更应学习具体的教学技能，只有对具体的技能进行充分的理论学习和研究，才能在实际训练中收到理想的效果。

2. 确定训练目标。训练目标即最终要达到的学习结果，包括对各项教学技能原理的认识，各项教学技能的操作程序和执行要求的掌握。指导教师首先应该向受训者讲清楚本次教学技能的训练的具体目标、要求，以及该教学技能的类型、作用、功能及典型事例运用的一般原则、使用方法和注意事项。

3. 观摩示范。为了增强受训者对所培训的技能的形象感知，需提供生动、形象和规范的微格教学示范片（带）或教师现场示范。在观摩微格教学片（带）过程中，指导教师应根据实际情况给予必要的提示与指导。示范可以是优秀的典型，也可以利用反面的教材，但应以正面示范为主。要注意培养受训者勤于观察、善于观察的能力，吸收、消化他人的教学经验的能力。

4. 分析与讨论。在观摩示范片（带）或教师的现场示范后，组织受训者进行课堂讨论，分析示范教学的成功之处及存在的问题，并就“假使我来教，该如何应用此教学技能”展开讨论。通过大家相互交流、沟通，集思广益，酝酿在这一课题教学中应用该教学技能的最佳方案，为下一步编写教案做准备。

5. 编写教案。根据确定的教学技能和教学目标，受训者就要根据教学目标、教学内容、教学对象、教学条件进行教学设计，选择合适的教学媒体，编写详细的教案。教案中首先说明该教学技能应用的构想，还要注明教师的教学行为、时间分配及可能出现的学生学习行为及对策等，使受训者更规范、有效地掌握教学技能。

6. 微格实践教学。包括：①组成微格课堂，微格课堂由受训者、受训者的同学、指导教师和摄像人员组成，指导教师和受训者的同学既是“学生”，又是评价人员；②教学实践，受训者针对一段教学内容，实践一两项教学技能，在讲课之前，受训者应做一个简短说明，明确所要训练的教学技能、教学内容、教学目标以及教学设计方案；③现场记录，利用视听设备把教学实践过程记录下来，以便能及时准确地反馈信息，如果条件不允许，可由指导教师和同学用文字的形式记录，但它不如录像记录得全面、准确和真实。

7. 评价反馈。在教学结束后，及时组织受训人员重放教学实况录像或进行视频点播，由指导教师和受训者共同观看。先由试讲人进行自我分析，检查实践过程是否达到了自己所设定的目标，是否掌握了所培训的教学技能，指出有待改进的地方，也就是“自我反馈”，然后指导教师和小组成员对其教学过程进行集体评议，找出不足之处。教师还可以对其需要改进的问题进行示范，或再次观摩示范录像带（片），以利于受训者的进一步改进和提高。

8. 修改教案。受训者根据自我评价和讨论评价或计算机处理得出的结果，对所存在的问题进行修正，并重新编写教学方案，使教学技能的运用不断提高和完善。

9. 再实践。已经达到基本要求的受训者可以进入另一教学技能的学习，未达到要求的受训者需要重新进行教学设计，经过修改和补充，进行第二次教学技能的练习。

二、数字化微格教学系统

随着信息技术的发展，数字化微格教学系统应运而生。它是一个集微格教学、多媒体编辑、影视音像制作、多媒体存储、视频点播和数字化现场直播为一体的数字化网络系统。在这里，观摩和评价系统均采用计算机设备，并通过交换机连接校园网或互联网。信息记录方式采用硬盘存储或视频服务器，人们可以随时、随地通过网络或光盘进行点播、测评与观摩。

（一）系统构成

数字化微格教学系统是基于网络和多媒体计算机技术，真正实现了数字化、网络化的教学系统。该系统由一个控制室和多个微格教室组成。

微格教室配置普通教室设备、多媒体计算机、中控系统，还配置可远程控制的摄像机。每台摄像机配置一台视频编码器，将摄像机输出的模拟视频信号转换为数字视频信号，然后进入校园网络。配置拾音器拾取教室中的声音，送入视频编码器。控制室配置有系统控制设备、电视墙、录播、点播服务器等。系统控制设备可操控机器转动，控制摄像机镜头的推拉、调焦等，可进行画面切换、信号切换等。此外，控制室中还可配置录播服务器，进行教学录制、直播、点播等。

数字化微格教学系统基于网络架构，所有信号通过网络传输，布局灵活，扩展方便。系统不受地理位置限制，各微格教室可以集中建设，也可以分散在校园内的不同的教学区域。联网的多媒体教室、教研室等的计算机上可现场收看直播或随时进行点播、测评与观摩。

（二）功能

数字微格教学系统除了具备一般教学系统具有的功能外，还具有以下

4 项功能。

1. 教学现场录制功能。可将受训者授课、板书、教态、语言、多媒体计算机屏幕、视频与音频信号同步进行组合，实现将视频、音频、VGA 信息同屏多画面同步实时录制成流媒体课件，保存到系统的视频服务器上，并可对录制好的课件添加索引和目录，对讲课教师、课程名称、系（院）等信息进行编码，方便课后检索和查找。每间微格教室可独立进行教学现场的录制并存储到系统的视频服务器上。在录制前，参数（包括视音频格式、帧率、码流；VGA 的分辨率配置、帧率、码流等）可灵活设置，并可监看录制效果，操作方便灵活。

2. 流媒体课件制作功能。可以将微格教室内的教学情景，以一路视频、一路 VGA、一路音频的同屏多画面显示方式录制流媒体视频课件，并进行编辑处理后保存到视频点播服务器上，师生可单独点播学习，也可插入多媒体教学课件或网络课件中使用。

3. 网络现场直播和视频点播功能。校园网内的任何计算机，通过网络连接服务器，既可以收看也可以视频点播，还可以将其下载存储到本机，可供全校师生随时随地进行学习。

4. 监视、控制教学进度功能。在控制室，配置了监视的电视墙，可以同时、同步实时监听、监视各微格教室教学现场的主画面，以及正在录制中的流媒体课件画面。控制室或授权计算机上可以分别对每间微格教室的摄像机进行远程控制，包括摄像机的上下左右控制、镜头远近的推拉等，还可以对各微格教室的相关设备进行控制，包括设备启动、停止的控制、计算机显示画面和操作的控制等。

第五节 多媒体网络录播系统

一、多媒体网络录播系统的功能

（一）课程录制功能

自动实时地将教师教学的讲解视频声音、手写板书，教师讲课的计算机 VGA 屏幕画面、多媒体课件、学生问答视频记录成标准流媒体文件。形成单画面电影模式或多画面资源模式，必须支持本地和网络两种存储模式，并能自动上传到服务器，分类生成网络教学课件，同步实现网上视频直播，成为网上可实时直播、点播的学习资源，全真再现课堂教学的全过程。同时能实现管理员远程控制录像。

（二）评课功能

系统须实现教学评估的系统应用，同时具有微格评测体系，学校也可以根据自己的教学特色添加评价项。形成在线评估、微格评测、技能训练和教学研究的平台。同时可达到实时进行评分，实现网络汇总，生成评估报告。

（三）网络互连功能

整个系统须与校园网、闭路电视有效连接。主讲教室需共享网络资源，各多媒体教室能收看主讲教室的现场直播。

（四）后期编辑功能

系统能用非线性编辑系统对标准的压缩视频文件进行剪辑和合成。系统应可根据教师个人喜好，自动或手动设置，选择合适的片头、片尾图片及文字信息。

（五）资源管理

实现数字资源的分类管理和检索，满足资源的网络化应用和管理。

（六）课程直播点播功能

标准流媒体格式，最高分辨率达到1024×768，400 kbps码流时，录制不低于25帧/秒。用户登录直播系统可直接在浏览器上观摩直播课堂。标准流媒体点播平台，可实现课程点播应用。用户直接点播资源平台中的课程资源，并自主学习。课程点播无用户限制。

（七）远程控制功能

控制室需实现对各教室多媒体设备及环境设备的网络化管理。系统能对各个录播教室的教学管理现场情况监看、录制。每间录播教室既可观看到本录播室的教学情况，又能看到其他录播室的教学情况。系统需具备远程开启录播系统的功能，管理人员在中心控制室能远程开启录播系统，并具备远程对讲和信息交互功能。

二、多媒体网络录播系统的基本组成

以AVA PROPRE 6HD录播系统为例，其由AVA录播系统、自动跟踪及场景切换系统、“一键式”控制系统3部分构成。

（一）AVA录播系统

AVA录播系统是自动化录播系统的核心部分，它肩负起两个重要功能：现场的实时直播与同步录制；自动跟踪及场景切换的调度管理。

（二）自动跟踪及场景切换系统

既要跟踪拍摄走动的教师，又要跟踪拍摄互动的学生，在不干扰现场气氛的情况下还能录制到高质量的视频片段。

1. 教师自动跟踪

教师自动跟踪、自动识别教师位置，并实时自动控制摄像头跟踪拍摄，确保在教师任意走动的情况下，自动跟踪系统仍能准确、实时地跟拍教师；并能根据教师与摄像机距离的远近控制摄像机的变焦，使教师的画面大小始终保持在预先设置的范围值内。

2. 学生自动跟踪

当学生发言时，自动对学生进行跟踪拍摄；当学生发言完毕时，自动跟踪系统能自动回复到预先设定的场景。

3. 板书及场景交互自动跟踪

自动跟踪板书的书写及讲解行为，并实时控制摄像头拍摄板书内容，板书字迹清晰可见。当教师与学生交互时，场景交互实时控制摄像头跟踪拍摄交互内容，能够从侧面拍摄双方面对面的交互画面。

4. 场景自动切换系统

场景自动切换系统是实现全自动录制的必需设备，可根据录制内容的差异，预先定义情景逻辑，设置相应参数，在教师视频、学生视频、板书视频、交互视频和计算机画面之间进行无缝切换，实现视频片段的全自动录制。

（三）“一键式”控制系统

教师也可通过安装于讲台上的面板实现“一键式”自动录制：教师轻按录制按钮，开始录制；结束再轻按停止按钮，视频片段录制完成。此外，系统还具有直播、取消学生发言等功能按钮。

第六节　电影和闭路电视教学系统

一、电影

电影，也称映画，是活动照相术和幻灯放映术结合发展起来的一种现代艺术；是一门可以容纳文学戏剧、摄影、绘画、音乐、舞蹈、文字、雕塑、建筑等多种艺术的综合艺术。但它又具有独自的艺术特征。它是一种根据“视觉暂留”原理，运用照相（及录音）手段，把外界事物的影像（及声音）摄录在胶片上，通过放映（及还音），在银幕上造成活动影像（及声音），以表现一定内容的技术。

电影在艺术表现力上既具有其他各种艺术的特征，又因可以运用蒙太奇这种艺术性极强的电影组接技巧，具有超越其他一切艺术的表现手段，而且影片可以大量复制放映。

电影是形象化的教学媒体，能真实地再现客观事物，并有助于把复杂、抽象的事物变成简单、易理解的事物。其在教学中可提供丰富多彩、生动形象的感性材料，有效弥补学生直接经验的不足。也可利用蒙太奇表现手法，向学生展示宏观和微观、瞬间和漫长的事物与过程，让学生观察、认识、理解和思考，拓展学生的知识领域。

二、学校闭路电视教学系统

闭路电视又称有线电视或电缆电视（CATV），它是一种通过电缆传输图像和声音信号的电视系统。由于它工作稳定、不受外界环境的影响且便于控制，所以被广泛用于学校。

（一）学校闭路电视教学系统的特点

收视效果好。因为闭路电视系统是通过同轴电缆作为信息传递介质的，所以可以将电视信号传递过程中的干扰因素降低到最低点，保证各个教室能够获得良好的收视效果。

方便教师使用。通过各种遥控技术，可以实现教室中对电视节目、播出方式的直接控制，有利于改善教师工作条件。

教学内容针对性强。可以根据学校教育、教学的实际需求，有针对性地及时播出教育、教学节目。

（二）闭路电视教学系统的组成

闭路电视系统按功能可分为播放系统、监控系统和双向传输系统三大类。

1. 闭路电视播放系统

这种系统的功能是将音视频信号从一个前端送到另一个或多个终端，即具有播出电视信号的功能。最简单的闭路电视播放系统由单台录像机与单台电视接收机或监视器连接构成。功能较多的闭路电视播放系统一般具有拍摄录制电视节目，播出录像节目，接收和转播广播电视、卫星电视、语言广播等节目，并通过电缆将各种信号传送到多个用户终端的功能。与开路电视相比，闭路电视播放系统播出设备费用少，而且多路电视节目通过电缆传送可以不受空间频率分配拥挤的限制，从而增加了节目的播出数量，也解决了个体用天线接收信号质量差的问题。学校电化教学采用闭路电视播放系统，有利于对播出设备的管理与控制，并使节目播出的质量更高，内容更丰富。

闭路电视播放系统由前端信号处理单元、干线传输分配系统、用户分配网络三部分组成。系统的简繁程度视系统要实现的功能及用户终端的规模而异。

2. 闭路电视监控系统

这种电视系统可以从一个或几个监控现场摄取视频（和音频）信号，并传输到一个或几个控制中心，即具有远距离监控的功能。最简单的闭路电视监控系统由单台摄像机与单台监视器或电视机连接构成。系统规模的大小常以摄像机的数量来衡量，1~10 台摄像机为小规模系统；10~100 台为中等规模系统；100 台以上为大规模系统。闭路电视监控系统能实时、形象、真实地反映被监视控制的对象，是现代化管理、监测、控制的重要手段之一，被广泛地应用于工业、交通、商业、金融、医疗卫生、军事及安全保卫等领域。学校设置这种系统，目前主要用于课堂演示、观摩教学训练、手术示教、考试管理和安全保卫等方面。监控系统由现场图像的摄取、信号的传输和信号的处理、控制中心图像显示与控制三部分组成。

3. 闭路电视双向传输系统

双向传输系统可以实现正反两个方向电视信号的同时传输，把电视信号从前端设备传向用户的方向称为下行方向，反之称为上行方向。其最大特点是能提供信息交互服务，缩短人们时间、空间上的距离。

在双向传输系统中，摄像机、监视器、对讲机、电话、传真机、计算机和控制键盘是图像、声音、文字和控制信息的输入和输出工具。

三、多功能学校闭路电视教学系统的用途

对学校的闭路电视教学系统，如果将播放系统和监控系统的功能合二为一，在前端控制室既配备信号播出设备，也配备接收显示教室终端情况的设备；在终端教室，既配备接收和显示信号的装置，也配备拾取和传出声像信号及遥控前端录像机信号的装置，并在两端配置互通信息的对讲电话，便形成双向传输的教室闭路电视系统。这是一种多功能的学校闭路电视系统，其用途主要有：

1. 电视直播会议或有线广播会议；
2. 定时播出校内新闻；
3. 按预约的时间向不同的教室播出不同的录像节目；
4. 教师可以通过遥控器控制前端录像机的开关和各种走带方式；
5. 用于外语听力课教学和课堂实况录像；
6. 考试监控管理；
7. 不影响课堂的现场教学和课堂实况录像、教学实验的观测等。

第三章

信息化教学资源建设与应用

随着我国《教育管理信息化标准》的实施和学校现代教育技术的深入发展，教学资源无论数量、媒体种类还是存储、传递和提取的方式都发生了很大的变化，尤其是学习资源的可获得性和交互性的快速发展，对教育模式、教学手段产生了极大的影响。因此，在信息化教育中进行科学而富有创造性的教学资源建设，已成为学校教育信息化发展必不可少的重要内容。

第一节　信息化教学资源概述

一、信息化教学资源的概念

教育资料是指支持教育的所有资源，包括教学资料、支持系统和教学环境等。信息化教学资源是指在信息技术环境下承载教育信息的各种资源，也就是指蕴含大量的教育信息。能创造出一定的教育价值、以数字形态存在的教学材料，包括学生和教师在学习与教学过程中所需要的各种数字化的素材、教学软件、补充材料等。

二、信息化教学资源的分类

根据《教育资源建设技术规范》(征求意见稿)，我国目前主要建设的信息化教学资源有以下几种。

1. 教学素材。教学素材是指教学过程中传播教学信息的基本组成元素，包括文本类素材、图形/图像类素材、音频类素材、视频类素材和动画类素材。

2. 教学课件。教学课件是指根据教学需要，在一定的教学理论和学习理论指导下，经过教学设计，以多种媒体表现、具有良好结构、能够满足某一单元或知识点教学需要的一种软件。

3. 网络课程。网络课程是通过计算机网络表现的某门学科教学内容及实施教学活动的总和，它包括两个组成部分：一是按照一定的教学目标、教学策略组织起来的教学内容；二是网络教学支撑环境，包括教学资源(电子教案、媒体素材、课件、试题库、案例、文献资料、常见问题解答库、资料目录/索引等)、教学平台（支持网络课程教学活动的软件工具，如网络课件写作工具、多媒体素材集成软件、网上答疑、网上讨论、在线测试系统软件、工具软件、应用软件等）以及在网络教学平台上实施的教学活动（如实时讲座、实时答疑、分组讨论、布置作业、讲评作业、协作解决问题、探索式解决问题、练习测试、考试阅卷、教学分析等)。

4. 教学案例。教学案例是指由各种媒体元素组合表现的有现实指导意义和教学意义的代表性事件或现象。完整的教学案例通常包括教学设计方案、教学课件、课堂视频实录和教学反思 4 个部分。

5. 教育游戏。教育游戏是指根据教学需要，在一定的学习理论和游戏理论指导下开发的具有教育和娱乐目的的计算机软件。

6. 网络课件。网络课件是指对一个或几个知识点实施相对完整教学的软件，根据运行平台可分为网络版的课件和单机运行的课件。网络版的课件需要能在标准浏览器中运行，并且能通过网络教学环境被大家共享；单机运行的课件可通过网络下载后在本地计算机上运行。

7. 文献资料。文献资料是指有关教育方面的政策、法规、条例、规章制度，对重大事件的记录、重要文章、数字教材、数字图书等。

8. 常见问题解答。常见问题解答是针对某一具体领域最常出现的问题给出的全面解答。

9. 资源目录索引。列出某一领域中相关网络资源的地址链接和非网络资源的索引。

10. 试题库。试题库是按照一定的教育测量理论，在计算机系统中实现的某个学科题目的集合，是在数学模型基础上建立起来的教育测量工具。

11. 试卷。试卷是用于进行多种类型测试的典型成套试题。

12. 学习网站。学习网站是围绕学科教学，通过 Web 技术整合多样化的数字学习资源，并提供网络教学功能与支持服务的网站。

另外，还可根据实际需求，增加其他类型的资源，如电子图书、工具软件和影片等。

以上信息化教学资源可以概括成三大类型：一是素材类教学资源，即前面所说的教学素材；二是集成型教学资源，即根据特定的教学目的和应用目的，将多媒体素材和资源进行有效组织形成的“复合型”资源，如试题库、文献资料、课件与网络课件、专题学习网站、教学软件等；三是网络课程。

三、信息化教学资源的特点

（一）组织的非线性化

传统教学信息的组织结构是线性的、有顺序的；而人的思维、记忆是网状结构，可以通过联想选择不同的路径来加工信息。多媒体技术具备综合处理各种多媒体信息的能力和交互特性，为教学信息组织的非线性化创设了条件。

（二）处理和存储的数字化

利用多媒体计算机的数字转换和压缩技术，能够迅速实时地处理和存储图、文、声、像等各种教学信息，既方便学习增加信息容量，又能够提高信息处理和存储的可靠性。

（三）传输的网络化

网络技术的发展与普及，特别是各级教育网络的建立，使教学信息传递的形式、速度、距离、范围等发生了巨大变化，从而为网络教育、远程教育、虚拟实验室等新教育形式的产生和发展奠定了基础。

（四）教育过程的智能化

多媒体计算机教育系统具有智能模拟教学过程的功能，学生可以通过人机对话，来自主地进行学习、复习、模拟实验、自我测试等，并能够通过系统实时地反馈实现交互，从而为探究型学习创设条件。

（五）资源的系列化

随着教学信息化程度的提高和现代教育环境系统工程的建立，现代教材体系也逐步成套化、系列化、多媒体化，这使得人们能根据不同的条件、不同的目的、不同的阶段，自主有效地选用相应的学习资源，为教育社会化、终身化提供了保障。

四、信息化教学资源开发的原则

（一）教育性原则

信息化教学资源的开发要符合教育教学规律，符合学生的认知水平，体现学生的认知特点，满足教学的需要，符合教学大纲的基本要求。因此，信息化教学资源在内容呈现上要脉络清晰、简明扼要，用合适的媒体元素恰当地表现教学的内容。

（二）科学性原则

信息化教学资源既要生动、活泼、有趣，又不能违背科学的基本原则，更不能迎合低级趣味。因此，信息化教学资源中的各种操作必须规范、准确；选用的材料、例证和逻辑推理必须是科学的、符合客观规律的；所表现的图像、声音、色彩都要符合科学的要求，不能为片面追求色彩的艳丽、声音的悦耳、画面的生动而破坏内容的真实性。

（三）技术性原则

信息化教学资源的开发要符合技术质量标准，即图像清晰、声音清楚、色彩逼真、声画同步，运行方便、灵活、稳定，操作方便、快捷，交互性强、导航方便合理，容错性好。开发者要熟练掌握有关技术，力求精益求精。

（四）艺术性原则

信息化教学资源的内容力求反映自然和社会生活中真、善、美的事物；画面构图要清晰匀称、变换连贯、流程合理；音乐与声音要避免噪音，音乐要与景物动作相配合，声音要顿挫有致，使听者愉悦；光线与色彩要明暗适度、调配恰当，使学习者感到舒适。

（五）开放性原则

信息化教学资源的开放性主要体现在开发人员的开放性、资源内容的开放性和结构体系的开放性等方面。开发人员的开放性是指教学资源开发人员既可以是教师、教育专家、学科专家，也可以是学习者及各类愿意贡献智慧和力量的人员；资源内容的开放性是指既要着眼于学校教育、正式教育，又要兼顾非学校教育、非正式教育，要适应泛在学习的需要；结构体系的开放性是指建设的教学资源应该力求立体化、系统化，并能及时更新、补充，具有多样的交互性，实现开放式共享利用。

（六）创新性原则

信息化教学资源的开发一定要与时俱进，以紧贴时代的眼光开发建设教学资源。信息化教学资源创新主要包括理念创新、理论创新、内容创新、技术创新、模式创新、形式创新等方面。

（七）经济性原则

信息化教学资源建设力求以较少的财力、物力和人力，开发出高质量、高水平的资源，切忌重复建设低水平的资源，要注意对现有资源的改造和利用，更不能为建而建。因此，信息化教学资源的开发要有周密的计划，避免浪费。

第二节　网络教学资源的获取

一、网络教学资源概述

（一）网络教学资源的类型

网络教学资源的类型，目前还没有统一的分类方法。通常认为网络教学资源可分为信息类资源和工具类资源两大类。信息类资源，即互联网上的数字化教学材料，包括文献材料、图片、音频、视频、动画、课件、习题、试卷、电子课本等；工具类资源，即网络环境下可以被教学利用的各种平台，其通常以工具、载体的形式呈现，如搜索引擎、即时通信工具、BBS 论坛、博客等。

网络教学资源按照网络资源的组织形式分为以下几种。

1. 网络课件

常见的网络课件有课堂演示型网络课件（在教师讲解的同时，在课堂上用计算机演示一些微观现象或动态图形，或把抽象的内容形象化）、个别化学习型网络课件（包括操练型网络课件、游戏型网络课件、模拟型网络课件、测试型网络课件、问题解决型网络课件和探索学习型网络课件）、协作学习型网络课件、流媒体网络课件、多媒体网络课件等。

2. 专题学习网站

专题学习网站是指在网络环境下，围绕与某门课程或多门课程密切相关的某个学习专题进行较为深入研究的资源学习网站。专题学习网站通常包括 4 个基本组成部分，如图 3–1 所示。

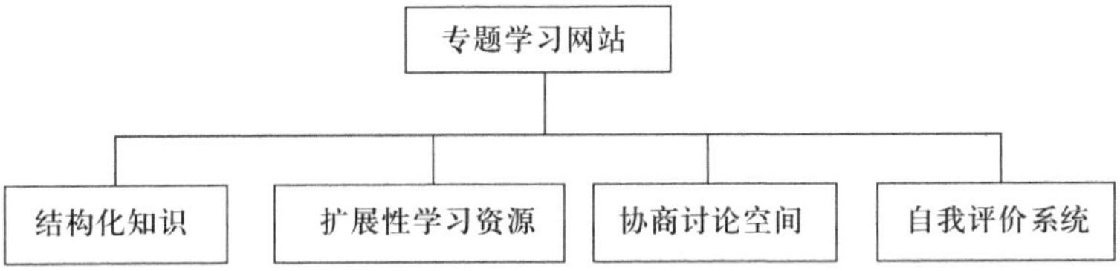

图 3–1　专题学习网站的组成

（1）结构化知识。展示与学习专题相关的结构化知识，即呈现与课程内容相关的电子教材、图形/图像、动画、视频、音频等知识并进行结构化重组。

（2）扩展性学习资源。收集与学习专题相关的扩展性学习资源，如字典、词典、计算工具、几何画板以及相关资源网站的链接等。

（3）协商讨论空间。根据学习专题，建构网上在线交流、答疑和协商讨论的空间。

（4）自我评价系统。收集与学习专题相关的问题、形成性练习和总结性资料，并将其设计成基础性强、覆盖面广、难度适宜的题库，使学习者能够对网上自主学习进行评价。

3. 网络课程

一般来说，网络课程包括课程教学模块、交流协作模块、课程组织模块、辅助工具模块和测试评价模块。网络课程的开发流程，如图 3–2 所示。

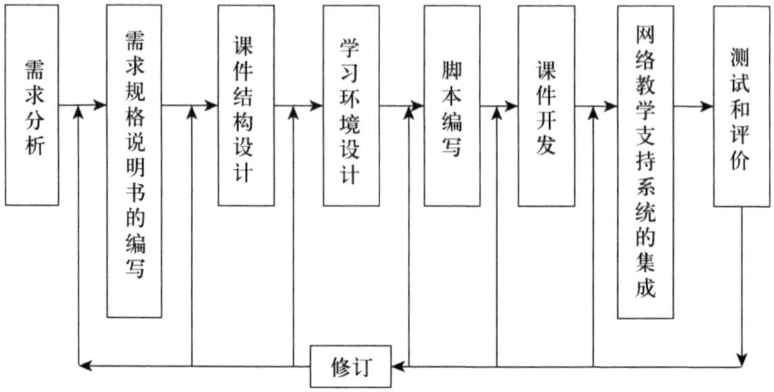

图 3-2　网络课程的开发流程

（1）需求分析。需求分析是对网络课程的用途、使用对象、类型、应用环境等各方面的综合分析，以确定网络课程开发的目标和规模，估计网络课程的开发成本和效益，并据此制定网络课程开发计划。这个阶段包括学习者分析、课程教学大纲、教学目标和教学内容的分析。

（2）需求规格说明书的编写。需求规格说明书是网络课程设计的蓝图，它精确地描述了一个网络课程系统必须提供的功能和性能以及它所需要考虑的限制条件，是系统测试和用户文档的基础。网络课程需求规格说明书一般包括设计目标、需求分析、媒体的选择及分析、网络课件模式分析、网络课件的结构和学习环境设计等。

（3）网络学习环境设计。网络学习环境设计除考虑学习资源设计和教学策略设计外，还要考虑网络课程界面的设计。开发完成的网络课程要集成到网络教学平台上运行，网络课程和网络教学平台可以相互通信，记录并保存学习者学习的过程数据。

（4）脚本编写。脚本相当于电影拍摄中的剧本，它描述了课程制作的思路、内容、教学过程等信息，方便制作人员了解课程制作的思路，开发出合适的教学课程。脚本的编写一定要目标明确，让制作人明确教学思路和教学内容，无须太多帮助就能够根据它制作出合适的课程。

网络课程的脚本包括文字脚本和制作脚本两部分。文字脚本是按照教学过程的先后顺序，描述每一个环节的教学内容及其呈现方式的一种形式。制作脚本是以文字脚本为基础，对系统结构设计结果的描述，使制作人员明确如何去制作网络课程。制作脚本一般是通过填写制作脚本卡片来完成。在脚本中需要明确规定课程需要的文字、图形、动画、声音、视频、测试题等内容，并需要明确它们之间的关系和出现顺序。制作脚本编写的基本要求有：一是明确教学目的和各教学单元的教学目标；二是根据教学目标选择准确无误的教学内容；三是根据教学目标和教学内容，选择适当的教学方法和传递教学信息的媒体；四是学习理论的应用。无论采用什么样的模式或策略，都必须注意学习理论的应用，以提高软件的教学效果；五是应考虑计算机的输出和显示能力；六是使用的格式必须规范，脚本可以使用不同的格式，但必须规范，其主要内容包括显示信息、注释信息、逻辑编号、媒体、交互信息和“热字”的表示等。

（5）网络课程开发。在素材采集与制作完成后，将数据入库，利用网页制作与开发工具进行网页制作、程序设计与调试等。完成制作后，还要编写相应的文字材料，例如软件的使用环境、使用的机型、软件的使用方法及其他配套使用的文字材料等。

（6）网络课程测试与评价。网络课程测试与评价是为了发现网络课程运行中的错误而执行程序的过程，测试的目的是尽可能多地暴露程序存在的问题；评价贯穿在网络课程开发的各个阶段，在每一个阶段的工作完成之后都要进行形成性评价，并根据评价的结果对原来的设计进行修改。

4. 网络资源库

网络资源库是指各种教学资源的集合，包括与课程内容相关的媒体素材、教学案例、教学课件、资源目录索引、试题库、网络课程、文献资料及常见的问题解答等。网络资源库既可以支持教师的教授，也可以支持学生的学习。

（二）网络教学资源的特点

网络教学离不开丰富的网络教学资源。一般来说，网络教学资源具有以下几个方面的特点。

1. 多样性。网络教学资源种类繁多，形式多样。网络教学资源以超媒体形式组织，其超媒体界面可以通过网络超链接直接得到与主题相关的任何信息资源。

2. 共享性。网络教学资源具有高度的共享性，学习者可以不受时间、地域的限制，只要有网络，学习者就可以获取所需要的课程内容和学习资源。

3. 交互性。网络教学资源改变了传统教学资源单向传输的方式，具有同步与异步、实时与非实时等双向传输功能。学生既可以实现人机交互，也可以与教师或其他学生交互。

4. 实效性。教师可以利用网络教学资源更新频率高、传播速度快的优势，将最新的信息融入课程内容中，增强知识的实效性，有助于加深学生对知识的理解。

5. 创造性。网络资源的创造性在于它的可操作性和可再生性。在教学过程中，教师可以运用多种先进的信息处理方式对网络教学资源进行重组、修改，学习者也可以采用多种信息加工方式对网络教学资源进行整合、再创造，实现对知识的主动建构。

二、网络教学资源的获取方法

（一）专业网站或专题网站检索

通过搜索专业网站和专题网站，可以高效地获取教学资源和素材。目前，互联网上关于中小学各个学科的教学资源网站有成百上千个，既包括教育门户网站，又包括各种学科资源网、教学网、主题网站等。

（二）网页搜索引擎检索

搜索引擎实际上也是一个网站，其主要提供信息搜索服务。常见的搜索引擎有百度、搜狐、新浪、搜狗等。

搜索引擎种类繁多，品牌各异，但操作基本相同。搜索引擎都有一个“关键词”输入栏，在该栏中输入要搜索内容的关键词即可。需要说明的是，由于互联网上的信息太多了，其中夹杂着很多无关的信息，如何迅速、有效地找到需要的信息，还需要进一步掌握搜索引擎的使用技巧。

在百度中，可以在检索词后面加上文件类型来检索，如想检索 PPT 文件，在检索词后加上 PPT 即可。另外，百度搜索引擎目前提供了图片类素材、动画类素材、音频类素材、视频类素材的专门检索页面。百度还提供了众多适合中国用户的个性化搜索功能，如百度快照、拼音提示、错别字提示、英汉互译词典、高级搜索、天气查询等。

（三）分类目录和网络资源指南检索

分类目录和网络资源指南检索，严格来讲不是真正的搜索引擎，而是按照目录分类的网站链接列表，用户完全可以不用进行关键词查询，仅靠分类目录就可以找到需要的信息，如国内的搜狐、新浪、网易等。

（四）专用搜索软件进行检索

有许多专门的软件用于搜索特定类型的素材资源，如图片搜索、流媒体搜索等。

（五）专业数据库进行检索

有很多专业的服务机构开发了大型的教学资源数据库，将这些教学资源有偿地为广大网民提供服务支持，如美国教育资源信息中心（ERIC）数据库全文检索系统、中国知网、万方数据库知识服务平台等。

三、网络教学资源的下载

（一）网页的下载

下载网页的常用方法。将有用的网页下载到本机的方法比较简单，只需要在 IE 浏览器的“文件”菜单中选择“另存为”命令，弹出“保存网页”对话框，从中指定文件保存的路径以及文件的名称，然后单击“保存”按钮即可。

被禁止下载的网页下载方法。有一些网站为了防止别人复制网页上的内容，保存网页时提示无法保存，网页右键被锁定、不能选择或复制，这时可以采用如下方法。

1. 使用百度快照进行下载。在百度中找到要保存的网页条目，单击“百度快照”链接，此时打开的网页内容和原网页相同，并且可以保存。

2. 使用源文件功能下载。此功能只能保存被禁止保存网页的文字，单击“查看源文件”，选中需要的文字复制即可。

（二）网页文字的下载

对于网页上的文字，通常是先选中，再单击右键，在弹出的快捷菜单中选择复制，然后打开记事本或 Word 软件，选取“编辑-粘贴”即可。另外，在粘贴文本到 Word 文档时，经常会出现表格框或是其他格式，可以通过“编辑-选择性粘贴”中的“只保留文本”来完成无格式粘贴。

（三）图片的下载

网页中静态图片以及背景图片的下载，只需在图片上右击鼠标，选择“图片另存为”菜单项，在弹出的“保存图片”对话框中，指定保存的路径和文件名，以及保存文件的类型。但要注意的是，默认存储位置是计算机 C 盘中“我的文档”下的“My Pictures”文件夹。

对于网页上无法下载和保存的图片，可以使用 Print Screen 键、截图或用抓图软件抓取图片后再保存。

（四）声音文件的下载

网络上声音文件的下载，常用的方法为：将鼠标指针移动到要下载的声音文件的网络路径上，然后单击鼠标右键，在弹出的快捷菜单中，选择“目标另存为”菜单项，在弹出的“保存文件”对话框中，指定保存的路径和文件名，单击“保存”按钮即可。

（五）应用软件的下载

通过搜索引擎或其他途径找到所需要的软件，如网页中提供了下载链接，可以通过网页浏览器的下载功能下载该软件，其方法和声音文件的下载一样。

第三节 文本类资源的建设

文本是文字、字母、数字和其他各种功能符号的集合，通常以字、词、句子、段落、节、章为单位，一个文本可以是一个句子、一个段落或一篇文章。文本存储在计算机上被称为文本文件，文本文件除了换行和回车外，不包括任何格式化信息，它是 ASCII 码文件。与其他媒体相比，文字是最容易处理、占用存储空间最少、最方便利用计算机输入和存储的媒体。文字是多媒体课件中非常重要的视觉元素，也是学习者获取知识的重要来源。

一、文本文件的格式及特点

文本文件中，若不在文字上附加任何格式或排版信息，称为纯文本文件；若对文字附加了格式或排版，则称为格式化文本文件。不同的文字处理软件支持的文本文件格式不同，常见文本文件的格式及特点如表 3-1 所示。

表 3-1　常见文本文件的格式及特点

格式	特点
TXT	TXT 是纯文本文件格式，不携带任何文字修饰控制信息，目前的文字处理软件基本上都能打开

续表

格式	特点
DOC/DOCX	Microsoft Office Word 文字处理软件（以下简称 Word）所使用的一种文件格式，2003 版本以前文本文件格式为 DOC，2007 版本开始文本文件格式改为 DOCX；Word 用于一般的图文排版
WPS	WPS 格式是金山软件文字处理软件专用的文件格式。WPS 中文译为“文字编辑系统”，它是集文字输入、编辑与打印为一体的汉字处理软件
PDF	PDF 是 Adobe 公司开发的电子文件格式，它可以将文字、字形、格式、颜色及独立于设备和分辨率的图形、图像等封装在一个文件中，支持特长文件，集成度和安全可靠性都较高，是目前电子图书、产品说明、公司文告、网络资料、电子邮件等常用的格式，PDF 格式文件用 Adobe 公司的 Acrobat Reader 软件即可阅读
CAJ	中国期刊全文数据库提供的一种文件格式，需要专门的 CAJViewer 软件打开，CAJViewer 软件支持中国期刊全文数据库的 CAJ、NH、KDH 等格式文件的阅读
RTF	RTF 是 Rich Text Format 的缩写，意即丰富的文本格式。在 RTF 文档中可以嵌入图像等文件，类似 DOC 格式的文件，其有很好的兼容性，许多软件都能够识别 RTF 文件格式；对普通用户而言，RTF 格式是一个很好的文件格式转换工具，用于在不同应用程序之间，进行格式化文本、文档的传送

二、文本资源的获取

文本资源的获取相对简单一些，主要方法有以下几种。

（一）键盘输入

通过外部文本编辑软件（如记事本、Word 等）用键盘直接输入。多媒体开发软件一般都能提供文本输入的功能，但由于集成工具软件对文本的处理能力不强，主要用于文本量较小的情况，所以对于大量的文本信息一般要预先准备好。

（二）语音识别输入

通过语音识别软件、麦克风进行文字输入。语音识别输入需要正确地读出所输入文字的读音，如果普通话不标准，可用语音识别软件提供的语音训练程序进行训练，让软件熟悉用户口音后，就可以通过语音来实现文字的输入。

（三）笔式手写输入

通过手写板进行手写输入。手写板使用的输入笔有两种：一种是与写字板相连的有线笔，另一种是无线笔。写字板也有两种：一种是电阻式，另一种是感应式。

（四）扫描识别输入

如果要将印刷品上的文本资料，变成 Word 文档后进行编辑加工，最直接的方法就是重新打字输入，这显然很不方便，这时可以利用扫描仪从中提取文字，再用光学字符识别（Optical Character Recognition，OCR）软件自动将其转换为 ASCII 字符，获取所需的文本。常见的 OCR 软件有清华紫光 OCR、尚书七号等。

（五）图形图像处理软件制作

利用图形图像处理软件（如 Windows 画笔、三维文字制作软件 Cool3D、Photoshop CS6 等）来制作，然后在多媒体开发工具中用插入图片的方式调用。这种方法制作的文字比较美观，但修改麻烦，在制作时，最好预先设计好文本区的形状和大小。

（六）文件插入

对于由大段文字组成的文本（如课件中的说明文字），可先用文字处理软件（如 Word 等）输入并编辑为相应的文件，然后用集成创作工具把整个文件载人多媒体教学课件中。与键盘输入相比，使用这种方法可获得快捷、出错率低的版面效果。

三、文本资源的加工处理

（一）文本资源的美化

为了美化文本，可设置字符大小、字体、颜色、位置及分行、分段等信息，使文字更加漂亮，还可以利用文字处理软件或其他软件提供的制作艺术字功能。

（二）格式转换

DOC 文件格式转 PDF 文件格式。DOC 文件格式转换成 PDF 文件格式的方法很多，如 Office 2007 以上版本的“另存为 pdf”功能，“百度网页应用转换大师”在线转换，相应的工具软件（如 PDF Factory）。

PDF 文件格式转 DOC 文件格式。PDF 转换器是一种将 PDF 文件中的文字、图片、表格、注释等元素对应转换成 Word 文件或其他类型文件的工具。转换时，先选择转换类型，然后选择“添加文件”，单击“立即转换”。

（三）格式清除

将需要清除格式的文字“复制–剪贴”，然后粘贴到记事本，再从记事本“复制–剪贴”，最后粘贴到文字处理软件，此时文本原有的格式全部被清除。

在 Word 中，利用“格式–样式和格式”下的“清除格式”，文本原有的格式也会被清除。

第四节　数字图像资源的建设

图像是指各种图形和图像的总称，是人类社会活动中最常用的一种信息载体。在计算机中，图像以数字方式来记录、处理和保存的，所以也称为数字图像。

一、图像文件的格式及特点

图像包括静止图像和动态图像，如照片、绘图、视频和动画等。图像信息是形状和颜色信息的集合，在计算机中是以矢量图和位图予以表现和存储的。

位图又叫点阵图，是由许多点排列组合成的图像，这些点称为像素(Pixel)，当许许多多不同颜色的像素点组合在一起后，便构成了一幅完整的图像；位图文件保存时，需要记录下每一个像素的位置和色彩数据，因此，图像像素越多，文件占用存储空间就越大，处理速度也就越慢，常用的工具软件有画图、ACDSee、Photoshop CS6 等。

矢量图也称平面对象绘图，是用数学向量方式来记录图像的内容。色彩变化少，文件所占的存储空间较小，很容易进行放大、缩小或旋转等操作，并且不会失真，常用的工具软件有 Flash、CorelDraw、CAD 等。

不同的图像处理软件支持的文件格式不同，常见的图像文件格式及特点，如表 3-2 所示。

表 3-2 常见图像文件的格式及特点

格式	特点
BMP	BMP 是 Windows 操作系统中的标准图像文件格式，能够被多种 Windows 应用程序所支持。BMP 位图格式的特点是图像信息较丰富，几乎不进行压缩，占用磁盘空间过大
GIF	GIF 格式的特点是压缩比高，磁盘空间占用较少，被广泛应用于互联网的 HTML 网页文档中
JPEG	JPEG 文件格式压缩技术十分先进，它用有损压缩方式去除冗余的图像和彩色数据，获取极高的压缩率的图像。目前各类浏览器均支持 JPEG 图像格式，下载速度快
JPEG 2000	JPEG 2000 同样是由联合照片专家组组织负责制定的，与 JPEG 相比，它具备更高的压缩率，广泛应用在扫描仪、数码相机、网络传输、无线通信等领域

续表

格式	特点
TIFF	标记图像文件（Tag Image File Format，TIFF）是 Mac 中广泛使用的图像格式，它的特点是图像格式复杂、存储信息多。TIFF 格式有压缩和非压缩两种形式，其结构较为复杂，兼容性较差
PSD	PSD 格式是图像处理软件 Photoshop CS6 的专用格式，PSD 格式支持 Photoshop CS6 中的图层、通道、遮罩等，便于后续修改和特效制作
PNG	PNG（Portable Network Graphics）是一种新兴的网络图像格式。Macromedia 公司的 Fireworks 软件的默认格式就是 PNG

二、数字图像资源的获取

数字图像资源的来源很多，通常获取数字图像资源的主要途径有以下几种。

（一）扫描仪扫描

扫描仪是一种计算机输入设备，主要用于将印刷品、照片等纸质资料中的内容扫描成能在计算机中存储和处理的数字图像。

扫描仪获取图像文件的简要操作步骤为：①按照扫描仪的说明书。将扫描仪和计算机连接好，并安装相应的驱动程序；②接通扫描仪的电源，运行图像编辑软件（如扫描仪自带的 Word、Power Point、Photoshop CS6、ACDSee 等软件）；③打开扫描仪的上盖，将要扫描的图像正面朝下放入扫描仪中，并将图像的位置放正，合上盖子；④启动扫描仪运行程序后，单击“文件-扫描图像”菜单命令，弹出对话框，对扫描图像的分辨率、扫描模式、保存位置等参数进行设置，然后选定扫描区域开始扫描，最后将文件保存起来，或者将图片粘贴到其他需要的地方即可。

不同的扫描仪，连接设备和驱动程序及安装操作有所不同，用户可参考设备使用说明，这里不再作详述。

（二）数码相机拍摄

用数码相机获取图像是一种非常灵活、方便的方式，可随时得到能在计算机中存储和处理的图像。使用时，只需要通过连接线将数码相机标准接El和计算机标准接口相连，或者将可拆卸的存储卡直接与计算机相连，然后利用“复制-粘贴”，即可将拍摄到的照片保存在计算机中。

（三）光盘获取

利用CD-ROM光盘上存储的图像库中获取图像。

（四）抓图软件获取

键盘截图。若要捕获全屏则直接按键盘上的“Print Screen”键，若要捕获特定窗口则按“Alt+Print Screen”组合键，然后将截图粘贴到图像编辑软件或其他软件的目标工作区即可。

QQ截图。利用QQ软件对屏幕截图。

抓图软件捕获。常用的抓图软件有Snagit、HyperSnap、红蜻蜓抓图精灵等，利用这些抓图软件可以很方便地获取图像。

（五）图像图形软件绘制

对于具有一定绘画水平的用户，可通过图形/图像软件自己绘制图形/图像，如Windows自带的画图、Photoshop软件等。

三、图像资源的加工处理

在多媒体教学软件制作的过程中，初始采集的图像一般都比较粗糙，需要用图像处理软件进行加工处理，如消除划痕和污渍、调整色彩与反差、添加文字、更换图像的背景、对图像进行补色、镶嵌、逆光等效果处理，或者将两幅或多幅照片合成一幅图像等。图像素材加工处理软件很多，例如美国Adobe公司推出的Photoshop。

第五节　数字音频资源的建设

一、音频的基本知识

音频是多媒体资源建设中的重要元素。人耳能听到的声音的频率范围为 20~20 000Hz。响度、音高和音色为声音的三要素。响度又称音强，即声音的大小，取决于声波振幅的大小；音高又称音调，与声音的频率有关，频率高则声音高，频率低则声音低；音色则是由混入基音的泛音所决定的。每个基音又都有其固有的频率和不同音强的泛音，从而使得每个声音具有特殊的音色效果。

多媒体教学资源建设中常用的音频包括语音、效果声和音乐三种形式。语音指人们讲话的声音；效果声指声音的特殊效果，如雨声、铃声、机器声、动物叫声等，它可以从自然界中录音，也可以采用特殊方法人工模拟制作；音乐则是表达人们思想感情、反映现实生活的一种艺术化声音形式。

二、音频文件的格式及特点

由于音频数字化过程中采用的技术指标不同，因而产生了不同的音频文件格式。在多媒体教学资源建设中常用的音频文件格式及特点如表 3–3 所示。

表 3–3　音频文件的格式及特点

格式	特点
WAV	WAV 格式也称波形声音文件，通常使用量化位数（16 位）、取样频率（44.1 kHz）和声道数（单声道和立体声）三个参数来表示声音。WAV 格式是最早的数字音频格式，被 Windows 平台及其应用程序广泛支持，但文件存储容量大，不便于网络传播

续表

格式	特点
MIDI	MIDI（乐器-数字接口）是一个电子音乐设备和计算机的通信标准。MIDI数据不是声音，而是以数值形式存储的指令，因此容量小、效果清晰，主要用于音乐制作
MP3	MP3格式是以MPEG Layer 3标准压缩编码的一种音频文件格式。MPEG Layer 3的压缩率高达1：12，但音色和音质还可以保持基本完整而不失真，因此MP3格式容量小、失真小、音质高，便于网络传输
WMA	WMA格式是微软公司开发的网络数字音频压缩格式，在保持音质的前提下采用较低的采样率，兼顾网络传输需求和声音质量，在压缩比和音质方面都超过了MP3格式，因此应用越来越广泛
CAD	CAD格式为CD唱片所采用的格式，取样频率为44.1 kHz，量化位数为16位，CAD格式是一种近似无损的格式，音质非常好，可以完全再现原始声音，但文件无法编辑，容量很大
MP4	MP4格式使用MPEG-2 AAC技术，与MP3格式相比，音质更加完美而压缩比更大

三、音频资源的获取

多媒体教学资源建设中，常用音频文件获取的主要方法有以下几种。

（一）直接录音

利用声卡和相关的录音软件，可以直接录制WAV音频文件。为了保证录音文件的质量，除选择高品质的声卡和麦克风外，还应选用足够高的采样频率和量化精度。在Windows环境中运行的声卡录音机（Sound Recorder）程序是最常用的录音平台之一。

（二）专业录音棚录音

在专业录音棚内录音，可减小环境的噪音，获得媲美CD唱盘的高保真音质。但这种方法的成本较高，课件制作一般很少使用。

（三）数字音频库中提取音频素材

像数字图形、图像库一样，把存储在 CD 光盘或磁盘上数字音频库中的音频提取出来，需要注意 CD 中的音频在计算机光驱中打开时找不到具体文件，因而无法用复制的方法存储下来，需要用专门软件来“抓轨”。常用的“抓轨”工具有 Windows 系统自带的 Windows Media Player（WMP）播放器。WAP 播放器转轨速度很快，其使用方法是打开软件窗口，把默认的“外观模式”切换到“完整模式”；打开 CD，开始播放；点击“翻录”，勾选需要转存的歌曲；单击“翻录音乐”，被选中的歌曲就会逐一转换，并存入电脑指定的文件夹。另外。利用 RealPlayer 播放器菜单中的“工具-保存 CD 曲目”功能也可以很方便地“抓轨”，从 CD 中提取出音频素材。

（四）视频文件中分离音频

如果要用到视频中的音频素材时，可以使用专门软件把音频分离出来，如“格式工厂”软件常常用于各类素材格式之间的相互转换，也可以用于分离出视频中的音频信息。

四、数字音频资源的加工处理

音频资源的加工处理软件很多，如 Windows 自带的“录音机”、微软公司的 Sound Recorder，创新（Creative）公司的 Wave Studio、Adobe 公司的 Adobe Audition 等。近年来，比较流行的音频加工处理软件有 Adobe Audition 和 Gold Wave。本书以 Adobe Audition CC 2017 软件为例介绍音频资源的加工处理。

Adobe Audition 是一个专业音频编辑和混合环境软件，原名为 Cool Edit Pro，被 Adobe 公司收购后，改名为 Adobe Audition。Audition 专为声音录制、广播电台和音频节目后期制作的专业人员设计。可提供先进的音频混合、编辑、控制和效果处理功能，最多可混合 128 个声道。可编辑单个音频文件。2013 年，Adobe 公司将版本系列改为 CC。①

第六节 数字视频资源的建设

一、视频的基本知识

视频文件是指拍摄、记录和再现真实人物、事物和景物的一组连续播放的数字图像（Video）和一段随连续图像同时播放的数字声音共同组成的多媒体文件。视频文件中的每一幅图像称为一帧（flame），随视频同时播放的数字声音简称为伴音。由于视频中包含声音信息，因此，在对视频进行压缩时，也要对其中的声音信息进行编码和压缩。

二、视频文件的格式及特点

目前，视频文件的格式越来越多，不同的多媒体课件集成工具软件能兼容不同的视频文件格式。常用的视频文件格式及特点如表 3-4 所示。

表 3-4 视频文件的格式及特点

格式	特点
AVI	AVI 是 Microsoft 公司开发的一种伴音与视频交叉记录的视频文件格式。AVI 格式与硬件无关，可以在 PC 机和 Microsoft Windows 环境下使用，其图像质量好，压缩标准可任意选择（同是 AVI 文件，如果压缩标准不同，在解压时也需要各自不同的算法，因此会出现支持 AVI 格式的软件打不开某个 AVI 文件的情况），文件容量大

① 李兆义，桑苏玲，杨彦栋．现代教育技术［M］．北京：北京理工大学出版社，2019.

续表

格式	特点
MPGE	MPEG 格式是 VCD、DVD 中常用的格式，压缩比高，有 MPEG-1、MPEG-2 和 MPEG-4 等多种压缩编码标准，其中 MP4 格式目前常用于高质量的网络流媒体传播
RM/RMVB	RM 格式是 Real Networks 公司开发的流媒体视频文件格式。RM 格式文件小、画面仍能保持相对良好的质量，适用于在线播放。RMVB 格式是由 RM 视频格式升级延伸出的新视频格式。画质优于 RM 格式
MOV	MOV 是 Apple 公司为在 Macintosh 微机上应用视频而推出的视频文件格式。同时，Apple 公司也推出了为 MOV 视频文件格式应用而设计的 QuickTime 软件。QuickTime 软件有在 Macintosh 机和 PC 机上使用的两个版本。QuickTime 软件和 MOV 视频文件格式已经非常成熟，应用范围非常广泛
FLV	FLV 流媒体格式是 Sorenson 公司开发的一种视频格式，全称为 Hash Video。FLV 格式文件极小、加载速度快，目前在线视频网站多采用这种格式。访问网站时只要能看 Flash 动画，无须再额外安装其他视频播放软件，就能观看 FLV 格式的视频
WMV	WMV 是 Microsoft 公司开发的一种数字视频压缩文件格式。WMV 文件包含视频和音频两部分，视频使用 Windows Media Video 编码，音频使用 Windows Media Audio 编码。在同等视频质量下，WMV 格式文件非常小，因此很适合在网上播放和传输
3GP	3GP 是一种常见视频格式，是 MP4 格式的一种简化版本，常用于手机

三、视频资源的获取

多媒体教学资源建设中，视频资源获取的主要途径有以下几种。

自行拍摄。通过数字摄像机、带录像功能的数码照相机、手机等直接拍摄获取数字视频图像数据。

资源库中获取。从教学光盘、电影光盘、卡拉 OK 光盘等获取视频图像。

网络下载。视频文件也可以通过网上搜索并下载。

屏幕录像。利用屏幕录制工具录制远程教学视频、电脑屏幕播放的视频。屏幕录制软件很多，可以到网上下载，如屏幕录像专家、EV 录屏、Camtasia Studio 等。

四、数字视频资源的加工处理

目前，常用的视频素材处理工具软件有 Microsoft 公司的 Video for Windows、Adobe 公司的 Premiere、Apple 公司的 QuickTime、Creative 公司的 Video Blaster、EDUIS 及会声会影等。

第四章

信息技术与课程整合

信息技术与各学科课程的整合伴随着以计算机与网络为核心的信息技术进入教学后的应用、探索、实践与反思而逐渐形成。通过长期的理论与实践研究，信息技术与各学科课程整合的概念逐渐清晰起来。本章即针对信息技术与课程整合进行分析。

第一节　信息技术与课程整合模式

信息技术与学科教学整合可看成实现教与学最优化的一个过程，在这个过程中要用先进的教育理论作指导，充分发挥信息技术和信息资源的作用，合理地进行信息化教学设计，实现课堂教与学方式的根本性变革，从而达到培养学生创新精神和实践能力的目标。

在整合过程中，教师在不同教育思想理论的指导下，应用不同的信息技术手段和信息资源进行信息化教学设计，可形成多种信息技术与学科教学整合的模式。针对教学内容与学生特点，合理选择学科教学整合模式，有利于提升课堂上教与学的效果。

一、信息技术与课程整合模式的分类

（一）基于信息技术的作用

对于不同学科定位，信息技术的作用是不一样的。可以将信息技术与课程整合分为三种基本课程模式：将信息技术作为学习对象的本科本位型课程模式；将信息技术作为教学工具的学科辅助型课程模式；将信息技术作为学习资源、工具与手段的学科研究型课程模式。

（二）基于教学过程的阶段

在教学过程的不同阶段，可以将信息技术与课程整合分为三种模式：“课前阶段”模式、“课后阶段”模式和“课内阶段”模式。

（三）从学科的角度来看

可以将信息技术与课程整合模式划分为数学、物理、化学、语文、历史、地理等不同学科的课内整合教学模式。

（四）从教学策略划分

可分为自主探究、协作学习、演示、讲授、讨论、辩论、角色扮演等不同策略的课内整合教学模式。

（五）从技术支撑环境划分

有基于网络、多媒体、软件工具、仿真实验、投影教室、多媒体网络教室等不同技术支撑环境的课内整合教学模式。

要设计好一节整合课，必须回答的问题：①信息技术在一节课中的性质与作用是什么？②在一节课的哪些地方引入信息技术？③在一节课中如何引入信息技术？既要了解信息技术在教学中的作用，还要会设计信息技术如何在教学中运用。可以借鉴一些整合的模式来帮助设计本学科的课程。下面介绍信息技术与课程整合常用的教学模式。

二、情景—探究整合模式

情景—探究教学模式（如图 4-1 所示）注重利用信息技术的优势创设真实的情景，提供真实的活动。在学习者解决问题的活动过程中，教师或专家为学习者提供指导和支架，强调认知工具、资源的运用、知识的协作和社会性建构，促进学习者在学习过程中清晰地表达理解和反思，并注重对任务中的学习实施真实性的评价。

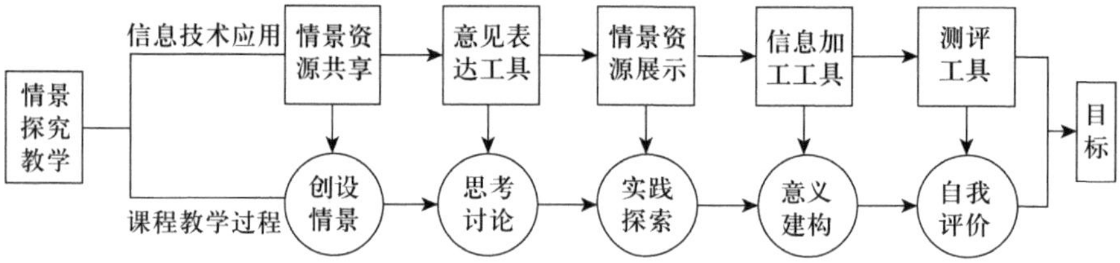

图 4-1　情景—探究整合模式

这一模式分为如下步骤：

1. 利用数字化的共享资源，创设探究学习情景。

2. 指导初步观察情景，提出思考问题，借助信息表达工具（如 Word、BBS 等）形成意见并发表。

3. 对数字化资源所展示的学习情景，指导学生进行深入观察和探索性的操作实践，从中发现事物的特征、关系和规律。

4. 借助信息加工工具（如 PowerPoint、FrontPage 等）进行意义建构。

5. 借助测评工具，进行自我学习评价，及时发现问题，获取反馈信息。

三、资源利用—主题探究—合作学习整合模式

这类整合模式主要适用于校园网络环境，这一模式分为如下步骤：

1. 在教师指导下，组织学生进行社会调查，了解可供学习的主题。

2. 根据课程学习需要，选择并确定学习主题，制订主题学习计划（包

括确定目标、小组分工、计划进度)。

3. 组织协作学习小组。

4. 教师提供与学习主题相关的资源目录、网址、资料收集方法和途径(包括社会资源、学校资源及网络资源的收集)。

5. 指导学生浏览相关网页和资源，并对所得信息进行去伪存真、选优除劣的分析。

6. 根据需要组织有关协作学习活动（如竞争、辩论、设计、问题解决或角色扮演等)。

7. 形成作品。要求学生以所找到的资料为基础，做一个与主题相关的研究报告（形式可以是文本、电子文稿、网页等)，并向全体同学展示。

8. 教师组织学生通过评价作品，形成观点意见，达到意义构建的目的。

四、研究性学习整合模式

所谓基于研究性学习的教学模式（也称“研究性学习”教学模式或“专题研究性学习”教学模式）实际上是在学科教师的组织与指导下，将研究性学习方式与学科的教学过程相结合而形成的一种全新教学模式。

“研究性学习”教学模式的步骤如下：

1. 提出问题。

2. 分析问题。

3. 解决问题。

4. 实施解决问题方案。

5. 总结提高。

上面是教学中经常用到的整合模式，在借鉴的时候要知道影响教学模式选择的因素：①根据教学目标选择教学模式；②根据教学内容选择教学模式；③根据学习者的特征选择教学模式；④根据教师的自身特点来选择教学模式。

每种模式给教学提供的只是范式，教师往往要根据教学的实际情况具体选择教学模式，还可以把模式进行综合运用。所谓教无定法，想要教会学生具有创新意识与创新能力，教师在教学中不要生搬硬套各种模式，自己不断创新、灵活运用，才有可能给学生带来耳目一新的课堂，才能培养学生的创新精神。

第二节　信息技术与学科课程的整合

一、信息技术与文史类课程整合

文史类课程是指历史、政治等社会属性强的学科。信息技术与文史类课程整合就是要充分地发挥信息技术资源丰富、直观高效、跨越时空等特点，变革与优化教学过程，促进学生对相关信息的提炼、加工和意义建构。

信息技术与文史类课程整合的策略如下：

1. 注重信息呈现的直观性。
2. 赋予学生自主加工学习内容的权力。
3. 注重学习过程中的启发与引导。
4. 构建开放性的课程内容。

案例示范：《世界多极化趋势》

（一）教学目标

1. 知识与能力

（1）能解释说明欧盟的形成和扩展，日本成为经济大国的过程和原因、中国和第三世界的崛起等基本史实。

(2) 能复述中国和第三世界的崛起等基本史实，能分析说明“世界多极化趋势”的事实依据。

2. 过程与方法

通过分析史料，提升学生解读历史信息的能力。

3. 情感、态度与价值观

通过学习理解二战后美苏两国以外的各种经济、政治力量的增长，认识多极化趋势对世界历史发展的影响，树立世界走向多极化是不可阻挡的历史潮流的价值判断标准。

（二）教学重点与难点

1. 教学重点

西欧、日本的崛起，不结盟运动的兴起。

2. 教学难点

世界主要经济、政治力量的变化对世界格局影响。

（三）教学方式

学生自学、讨论与师生互动、教师分析相结合。

（四）教学过程

导入设计：通过图片展示整个国际局势的棋盘上，只剩下美国和苏联两枚棋子，使学生直观感受到二战后美苏两极世界格局的形成，两个超级大国争夺世界霸权，对世界各国的安全与主权以及世界和平都形成了严重威胁，不过这种局面没有维持多久，随着各国经济、政治力量消长，两极格局开始受到冲击，世界多极化趋势出现。

1. 欧洲共同体的形成

通过联邦德国总理阿登纳的一段话，引导学生分析“西欧建立欧洲共同体的原因有哪些？”（设计意图：这道题要求学生从分析历史事件的原因入手，考查学生运用历史唯物主义分析历史现象的能力，但同时具有一定的思维发散性和拓展性。思路引领：建议学生从政治安全、经济发展等方

面分析挖掘)

学生回答后，教师归纳：①冷战时期国际政治形势的推动：战后，在苏联的威胁日益严重和美国的渗透，政治控制不断加强的情况下，它们当中任何一个国家的实力都无法与强大的美国和苏联相比，只有联合起来，才有可能保障自身的安全，提高国际地位与加速发展，在世界上发挥自己的作用。②经济发展的需要：这是欧洲一体化的根本动因，只有加强联合，才能增强地区综合经济实力和国际竞争力。

通过大屏幕介绍欧洲共同体的建立和发展历程，进而设置问题“欧洲共同体的建立、西欧的发展以及国际关系的变化有什么影响?”（设计意图：西欧的崛起对世界格局的影响是本课难点之一，需要学生认真理解，同时通过本题，培养学生正确运用经济决定政治这一理论来分析解决问题的能力）学生讨论后回答，教师点评并归纳：①西欧政治、经济一体化极大地促进了西欧国家经济的发展和实力的增强，20 世纪 70 年代形成美国、西欧和日本三足鼎立的局面。②随着实力的增强，西欧国家力图推行独立自主的外交政策；美国霸权地位受到严重削弱，不得不调整其对欧政策。③冲击着战后美、苏对峙的两极格局，促进了世界格局多极化趋势的发展。

2. 日本成为世界经济大国

通过材料归纳出日本经济的腾飞原因，然后进一步分析“战后，日本经济获得高速发展的原因是什么?”（设计意图：本题考查学生全面分析、综合概括能力和搜集资料、分类整理的能力。要求学生既要扎实掌握教材上的知识，同时还要搜寻相关资料、扩展答题内容。思路引领：建议学生从政治、经济、军事、外交、思想、教育等方面思考问题，如果学生思考问题时能中外联系，为中华民族的振兴献计献策，效果更好)

指导学生分组讨论，充分交流，并推荐代表发言。教师对学生发言及各小组讨论点评。

教师归纳总结：①民主化改革，铲除了明治维新以来残存的封建因素，为后来的经济腾飞创造了良好的条件。②举国上下集中精力进行经济建设。一方面，人民辛苦劳动；另一方面，政府把发展经济放在首要位置，采取制定经济计划等方式，利用政府大力推动经济发展。③重视高科技，一方面引进先进技术；另一方面根据实际边引进边消化改造。④高度重视教育，主要表现在保持对教育的高投入，实行九年义务教育，这使得日本教育突飞猛进地发展，日本的国民素质大大提高。⑤朝鲜战争和越南战争为日本经济提供了巨大市场。⑥美国对日政策由占领变为扶植。⑦实行国民经济非军事化。（课后思考题：你知道日本经济上的成功有哪些原因吗？可以通过互联网查阅和阅读书籍来分析）

3. 不结盟运动的兴起

用大屏幕打出“南斯拉夫总统铁托像、埃及总统纳赛尔像，印度总理尼赫鲁像”。战后，亚非拉地区掀起民族解放斗争的浪潮，诞生了许多新兴独立国家，然而在冷战局势下，他们仍处于弱势地位，安全不能得到保证，无法走上独立发展的道路。因此，一场旨在谋求自身独立、主权、发展与和平的不结盟运动兴起了，不结盟运动从一开始就确立了独立、自主、不结盟、非集团的基本原则和宗旨，主张以和平共处代替冷战，反对任何军事集团，建立公正和平的国际政治、经济新秩序，不结盟运动对国际关系发展有什么意义？

学生思考回答后，教师归纳：①不结盟运动的兴起，标志着第三世界以独立的力量登上了国际政治舞台，开始改变了超级大国和西方国家决定世界事物的局面。②冲击两极格局，使世界向多极化方向发展。

在教学设计以及真实课件的演示中，可以看出这节课的信息量很大，可以设想一下，如果单纯由教师讲授会是什么效果？这节课的亮点：一是图片丰富翔实、吸引学生；二是充分调动学生的积极性参与到课堂讨论之中。给的启示是：面对枯燥的内容，只要老师下功夫去做一些与教学内容联系紧密，并与人们的生活息息相关的课件，可以吸引学生的注意力；运用讲授与媒体播放相结合的同时，可以加入其他的教学方法，让学生处于不断变化和多种刺激的教学环境下，会收到较好的教学效果。

二、信息技术与数理类课程整合

数理类课程是指数学、物理等逻辑类课程。在数理类课程的学习中，信息技术可以起到激发学习动机、提供信息处理工具等作用。

信息技术与数理类课程整合的策略如下：

1. 创设情景——激发求知欲望。
2. 问题解决联系起数理逻辑与现实应用。
3. 适度有效地使用信息技术。

案例示范：利用几何画板探索三角形内接矩形面积变化的规律

例如，利用著名的教学几何模拟软件“几何画板”，可以非常容易地实现对平面几何、立体几何中的形状、平分线、中垂线等进行动态模拟演示，可以定义各种参数、也可以随机动态改变，非常灵活方便，教师利用该软件可以演示、创设几何结构的良好情景，方便学生对问题的探索与发现，并在此过程中培养学生的兴趣、创新意识与实践能力。

教师指导学生观察事物特征、关系、运动规律并进行思考和发表意见，指导思考，如移动某一点，矩形面积以及表征面积大小会有怎样的变化、有何特征？是否有最大值？让学生把思考的想法说出来并进行讨论。让学生进行操作实践、验证与原来思考的意见是否一致。

三、信息技术与艺术类课程整合

艺术课程不是各门艺术学科知识技能数量的累加，而是综合发展学生多方面的艺术能力。艺术课程旨在培养学生的艺术素质，使学生养成正确的审美经验。掌握基本的艺术表达方式，表达自己的情感与思想。艺术课程不仅仅是培养学生的艺术能力，同时还培养学生的整合创新、开拓贯通和跨域转换的多种能力，促进人的全面发展。①

---

① 刘俊强．现代教育技术［M］．武汉：华中师范大学出版社，2018.

信息技术与艺术类课程整合的策略如下：

1. 展现原创作品，让学生真实体验艺术。

2. 开展自主探究与合作，让学生全面理解艺术。

3. 提供交流平台，打造艺术交流的氛围。

案例示范：小学美术《家乡的桥和塔》教学案例

（一）教学目标

学生能感知说明桥和塔的结构和造型，能运用不同构图方法表现桥和塔，并能充分发挥想象力添画桥、塔周围的景物。通过体验桥和塔的造型美，提升鉴赏美的能力。

（二）教学重点和难点

了解桥和塔的结构和造型，诠释桥和塔的造型美、桥和塔的造型表现。

（三）教学准备

教师：多媒体课件

学生：彩笔、油画棒、美术书

（四）教学过程

1. 导入新课

教师出示课件（著名的桥和塔）：这是什么？知道是哪里的桥（塔）吗？

学生：南京长江大桥、鸭绿江大桥……

教师出示课件（本市的几座桥、塔）：你们真了不起。见过它们吗？是不是觉得熟悉呢？

2. 讲授桥和塔的结构和造型

教师引导学生看课件：桥和塔的图、一座桥（塔）要分为哪几个部分？

学生自由发言、学生小组交流。

教师：这几座桥在外观上有什么不同？你比较喜欢哪座桥的造型结构？具体说说。学生代表汇报交流结果。

教师出示课件（艺术家绘画作品）：说说看，画这样一幅以桥和塔为主的画，应该从哪里画起，按什么顺序画？

学生：先定好桥或塔的位置，再画其他的。按构图–勾线涂色的顺序画。（教师出示步骤）教师强调要表现出造型结构的美，师生探讨构图。

教师：（出示只有桥的构图）塔和桥的美还需要周围的环境去衬托，你想怎样确定你这幅画的环境？请同学把自己的想法和同桌商量一下，确定你的构图，学生同桌交流汇报。

（五）课堂小结、集体交流欣赏

教师以鼓励为主，并请学生以自己的画为媒介，介绍家乡的桥或塔，赞美家乡。

教师：我们家乡的桥和塔非常美，但我坚信不远的将来我们的家乡还会出现更方便、漂亮和现代的桥和塔，那时会是什么样子呢？不妨我们同学回家画一幅“未来的桥和塔”好吗？

《家乡的桥和塔》是一节十分强调自由表现和大胆创造的绘画创作课。多媒体网络信息美术教学与多媒体课件信息的整合在本课应用得十分自然，呈现出了简易、新型、交互的学习方式与整合，达到美术教学各要素的丰富和谐，通过改变教与学的方式，改变信息资源与传播渠道等，实现了美术教学鲜明的直观效果。

通过让学生从浏览著名的桥和塔，到家乡的桥和塔的欣赏；逐步指导学生分析，感悟与理解桥的结构和造型美，并使学生在欣赏的同时对家乡桥和塔添加亲切、热爱。无形中渗透了教学思想；教学步骤的课件的使用，使学生直观感受到美；以桥和塔的创作的绘画方法，比单纯的说教和教师板演效果好；学生作品欣赏课件的运用，有效地拓宽了学生的思路。

由此，美术教学与信息技术的整合，实现现代多媒体技术的运用，达到直观、形象、生动、多角度、立体式地展示美术教学的内在有机地交互影响，使美术课堂教学让人耳目一新。

第三节 信息技术与教育教学的深度融合

2012 年 3 月，教育部发布的《教育信息化十年发展规划（2010—2020 年）》中提出了“信息技术与教育教学融合”的理念。从“信息技术与课程整合”到“信息技术与教育教学的深度融合”的观念的更新，强化了信息技术在推动教育教学改革以及教育信息化进程中的作用。“信息技术与教育教学的深度融合”明确了实现教育信息化目标的有效途径与方法。

一、信息技术与教育教学深度融合的含义

“信息技术与教育教学深度融合”是在认同和肯定“信息技术与课程整合”的基本思想与认识的基础上，针对教育实践中“整合”的力度不够深入、范围不够全面的现状而提出的。“整合”侧重于信息技术作为工具和手段推动课程教学方式的变革与创新，“深度融合”则强调运用信息技术实现教育系统的结构性变革。

何克抗教授提出：以前“信息技术与学科教学的整合”，只是从改变“教与学环境”或改变“教与学方式”的角度去强调信息技术在教育领域的应用，只是将信息技术应用于改进教学手段、方法这类“渐进式的修修补补”上，还没有触及教育的结构性变革。而现阶段信息技术与教育教学的深度融合是在这些层面的基础上实现本质的变革，是需要改变传统的“以教师为中心”的课堂教学结构，催生“主导、主体相结合”的现代化教育教学结构，并实现价值的最大化。“信息技术要与教育深度融合”这一全新观念与做法的基本出发点，也是“信息技术与教育深度融合”的本

质与确切内涵所在。

教育系统的核心是课堂教学系统，课堂教学系统是由教师、学生、教育内容和教育媒体四个要素构成的。信息技术与教育教学的深度融合改变了这四个要素地位和作用：教师要由课堂教学的主宰和知识的灌输者，转变为课堂教学的组织者、指导者，学生建构意义的帮助者、促进者，学生良好情操的培育者；学生要由知识灌输的对象和外部刺激的被动接受者，转变为信息加工的主体、知识意义的主动建构者和情感体验与培育的主体；教学内容要由只是依赖一本教材，转变为以教材为主并有丰富的信息教学资源相配合；教学媒体要由只是辅助教师突破重点、难点的形象化教学工具，转变为既是辅助教师的工具，又是促进学生自主学习的认知工具、协作交流工具与情感体验与内化的工具。

二、“信息技术与教育教学深度融合”与教育信息化

教育信息化的核心理念就是“信息技术与教育教学的深度融合”。信息技术与教学的深度融合就是要对信息时代的教学改革提供支撑。将信息技术引入教学的全方位和全过程，推动教育理念、教学方法和教学模式的深刻变革，实现“以知识传授为主”向“以能力素质培养为主”的教学方式转变、“以知识传授者为中心”向“以学习者为中心”的学习方式转变，实现应试教育为主向素质教育转变。

教育信息化的基本思路为“应用驱动、机制创新”。应用驱动是推进信息技术与教育教学深度融合的关键环节。关键要强调在教育教学过程中的应用，重点就是推进“三个用”，即“课堂用、经常用、普遍用”。机制创新是推动教育信息化持续健康发展的根本保障。一是建立“多方参与”的运行机制；二是建立“试点先行、典型引路”的推进机制；三是建立“协同推进”的管理机制。

《国家中长期教育改革和发展规划纲要（2010—2020 年）》提出“信息技术对教育发展具有革命性影响”。2015 年 5 月，题为“信息技术与未

来教育变革”的国际教育信息化大会在青岛召开。大会要求更加重视教育信息化的作用和地位，推动信息技术与教育教学深度融合。国家主席习近平在贺词中强调要借助信息技术，“推动教育变革和创新，构建网络化、数字化、个性化、终身化的教育体系，建设‘人人皆学、处处能学、时时可学’的学习型社会。”

2016 年 6 月，教育部印发的《教育信息化“十三五”规划》中，提出了“坚持融合创新”的工作原则，如“积极探索信息技术在‘众创空间’跨学科学习（STEAM 教育）、创客教育等新的教育模式中的应用”。在创新基础上推动信息化与教育教学深度融合是教育信息化的目标。“十三五”期间，一是要通过开发信息化教学工具，改革、创新教学模式，促进信息技术与教育教学的融合；二是要分类指导，针对各级各类教育，提供有针对性的信息化教育建设内容，实现以信息化推进教学模式改革创新。

信息化教学是“信息技术与教育教学深度融合”的主要形式和途径，“深度融合”的目标指向只有通过有效的信息化教学才能够得到落实。2015 年以来，“互联网”更成为新一轮促进教育领域持续变革的启动机。各种新理念、新平台、新技术、新资源的持续应用，有力推动了信息化教学变革与创新，目前取得的主要成果有：

（一）互联网+教育

自 2015 年提出“互联网+”行动计划后，“互联网+教育”成为互联网与教育领域相结合的一种新的教育形式，具有个性化、移动化、社会化和数据化的特点。“互联网+课堂教学”可以减少师生教学劳动的时间和强度，提高学习的效率和质量。“互联网+教育”不仅意味着用互联网技术武装教育教学手段，更重要的是用互联网思维来推动教育创新和教育变革。

（二）翻转课堂

翻转课堂（也称颠倒课堂或反转课堂）是一种新型教学模式，即在信息化环境中，教师提供以教学微视频为主要形式的学习资源，学生在课外时间完成对教学视频等学习资源的自主学习，而师生在课堂时间进行的是面对面一起解答疑惑、开展协作探究和互动交流等活动。翻转课堂是基于“混合式”学习方式，其教学过程包括课前的在线学习和课堂面对面教学这两部分。前者（在线学习）以学生自主学习为主，但并未忽视教师的启发、帮助与引导；后者（面对面教学）重视教师的指导作用，但更关注学生如何在教师的指导下，通过自主探究与小组协作交流来促进认知与情感的内化。

（三）微课

“微课”是“微型教学视频课程”的简称。它是以教学视频为主要载体，针对某个学科知识点（重点、难点、疑点、考点等）或教学环节（含活动、任务等）而设计开发的一种适合学生学习的新型网络课程资源。

微课的特点如下：

1. 课量小

一个课程仅围绕一个特定的知识点或技能点。微课不是学科知识系统讲解，不是 45 min 课堂浓缩，更不是课堂授课电子化，而是清晰简约的知识讲解和另辟蹊径的难点剖析。

2. 时间短

教学视频一般不长于 10 min。无论视频多长，用户实际观看时长的中位数都不超过 6 min。而且 6~9 min 长的视频是个拐点，更长的视频实际观看中位数反倒会下降。比如长度超过 12 min 的视频，实际观看中位数只有 3 min。所以，微视频的最佳时长为 6 min。

3. 自足性

包含必要信息，如教学目标、教学内容、教学活动、教学评价等，能够在语意上表示其自身意义，不需再参考其他信息来理解。

4. 基元化

具有不可再分性，不能再进一步划分成更小的单元。

5. 易传播

适合移动学习、泛在学习、碎片化学习等新型学习方式。

完整的微课资源包由微视频、微教案、微课件、学习任务单和微练习组成。微课程可以应用于翻转课堂教学、课内差异化教学以及课外辅导答疑中。微课程的种类包括理论讲授型、推理演算型、情感感悟型、技能训练型、实验操作型以及方法探究型等。

微课程的设计包括规划选题、设计讲授内容、设计学习任务单、媒体设计与制作等环节。其中微视频的设计包括导入、阐释、小结三个环节。微视频的设计与开发可以采用 PPT、录屏、拍摄、动画等几种方式组合制作，后期运用视频编辑软件加工完成。

（四）BYOD 进课堂

BYOD（Bring Your Own Device）就是“自带设备”。BYOD，让每个学生都可以携带自己的设备进入“互联网+”时代并能进行个性化学习。学生把自己的手提电脑、平板、手机等数字终端，带到学习和工作场所，满足了学习的泛在化和移动化需求，BYOD 已经成为移动学习最重要的数字入口。有了 BYOD，信息时代的混合学习才能随时和互联网“+”上。

面对“低头一族”的学生们，教师们曾经努力地拒绝手机进入课堂，然而智能手机尤其是宽屏手机的出现，以其便携、通讯方便等优点对传统课堂教学冲击极大。与其“堵”不如“疏”，BYOD 可以研究如何利用手机进行教学。对于大学生和职业技术学校的学生，研究如何利用手机进行移动学习逐渐显现出优势，把实际当中抽象的技能操作通过信息技术直观地展现在学生面前，使枯燥的概念和内容变得直观化、具体化、富有感染力，能极大提高教师的教学效果和学生的学习兴趣。

（五）慕课

所谓 MOOC，就是 Massive Open Onlion Course（大型开放式网络课程）的简称，是新型的网络在线学习模式，是一种基于高等教育资源共享的大规模网络公开课，国内人们大多称它为“慕课”。其实质在于通过网络技术和信息技术将优质的教育教学资源分享到世界的各个角落。大规模（Massive）、开放（Open）、免费就是它区别于传统的学校教育最直接、最明显的优势。MOOC 没有很强的针对性，只要学习者有上网的条件和独立学习的能力，就可以自主的进行 MOOC 学习。

SPOC（Small Private Online Course）译为“小众私密在线课程”，是将 MOOC 与课堂教学相结合的一种混合式教学模式，是对 MOOC 的继承、完善与超越。由于在 MOOC 学习中师生难以实现面对面的交互，学生水平参差不齐，并且缺乏监督，存在不按时完成作业或中途退出的学习现象。SPOC 的小规模受众范围使得它更具有针对性，像传统的校园教学一样，教师可以给学生布置作业，也可以随时抽查学生的学习情况，更大程度的督促学习者，减少学习者因为不必要的外界或自身因素而放弃课程学习的概率。

（六）创客教育

随着互联网热潮、3D 打印技术、微控制器等开源硬件平台日益成熟，创客教育逐步兴起。广义的创客教育是指以培育社会大众的创客精神为导向的教育形态。狭义的创客教育是一种以培养学习者，特别是青少年学习者的创客素养为导向的教育模式。它包含正式学习，也包含贯穿学习者一生的非正式学习。创客素养是指创造性地运用各种技术和非技术手段，通过团队协作发现问题，解构问题，寻找解决方案，并通过不断地试验形成创造性的制品的能力。

创客教育继承了项目教学法、做中学、探究学习等以学生为中心的教学思想，并借助与信息技术的融合，开拓了创新教育的实践场。它鼓励学生发挥自己的特长、并找到适合自己的学习方式。与传统模式相比，创客教育更加尊重学生个体的差异，还能为学生提供更为良好的互动和合作的空间。信息技术在外部为创客教育提供了可为环境，在内部促进了成员交流。借助信息技术的帮助，学生们能够通过网络获得更多的资源，并在不受限于空间和时间的情况下进行实时交流。创客教育所强调的创新精神和综合运用知识技能解决实际问题的能力，有助于发展学生的动手能力。

（七）教育大数据

大数据，是指无法在可承受的时间范围内用常规软件工具进行捕捉、管理和处理的数据集合。具有 4V 特点：Volume（大量）、Velocity（高速）、Variety（多样）、Value（价值）。大数据时代，教育经验往往站不住脚，需要事实和数据来佐证。同时，通过全方位收集教育过程中的大数据，教师可以科学合理地改善教学方法和教学模式。

教育大数据开创了用数据说话、用数据诊断教学的全新局面。“互联网+”时代是个性化时代，教育大数据有望实现教育规模化和个性化的统一。据 2016 年发布的《中国基础教育大数据发展蓝皮书（2015）》介绍，目前基础教育领域存在五类大数据创新应用的模式，包括促进个性化教学、驱动教育政策科学化、驱动教育评价体系重构、提升学校教育质量、推动区域教育均衡发展。

（八）STEAM 教育

STEAM 教育发源于美国，是在 STEM 教育的基础上发展完善而来的。STEAM 是科学（Science）、技术（Technology）、工程（Engineering）、艺术（Art）和数学（Mathematics）五门学科的简称，强调多学科的交叉融合。STEAM 教育并不是科学、技术、工程、艺术和数学教育的简单叠加，而是要将五门学科内容组合形成有机整体，以更好地培养学生的创新精神与实践能力。STEAM 教育中五门学科的教学必须紧密相连，以整合的教学方式培养学生掌握知识和技能，并能进行灵活迁移应用解决真实世界的问题。融合的 STEAM 教育具备跨学科、趣味性、体验性、情境性、协作性、设计性、艺术性、实证性和技术增强性等新的核心特征。

（九）一师一优课

鼓励教师利用信息技术创新教学模式，推动形成“课堂用、经常用、普遍用”的信息化教学新常态。“一师一优课、一课一名师”每一个教师在一年中设计并展示一节优质课程，充分利用信息化手段扩大优质教育资源覆盖面。实现“以应用为导向，以资源共享为纽带，以教师课堂应用为中心，创新教育教学模式和方法，推动信息技术与教育教学深度融合，提高教育质量”的宗旨。

（十）未来课堂

粉笔、黑板、书本，过去所熟悉的课堂“老三样”正在慢慢消失，而由电子白板、平板电脑、数字教学资源等打造的未来课堂则缓缓登场。

未来课堂是依托“以人为本”的理念，高度整合先进教学设备和海量教育资源，并能高效开展多种“教与学”模式的一种新型课堂环境。“未来课堂”的先进教学环境可以实现师生互动，并融入新的教学理念以达成高效课堂的目标。华东师范大学现代教育技术研究所所长张际平教授曾指出，“未来课堂”重视大数据应用和思维可视化，并同时满足环境舒适、装备先进、操控便利、资源丰富、实时互动、教学灵活这六个主要特征。大数据时代的“未来课堂”，将以全息数据为基础，建立起学生综合能力水平的“提升通道”。

（十一）云班课

云班课是指在移动网络环境下，利用移动智能设备开展课堂内外即时反馈互动教学的云服务平台。平台以教师在云端创建的班群和班课空间为基础，为学生提供移动设备上的课程订阅、消息推送、作业、课件、视频和资料服务。

以蓝墨云班课为例，可以实现签到、课堂提问、抢答、头脑风暴、在线讨论、课件资源共享、作业提交以及小组合作学习与相互评价等功能。既可以实现线上线下的混合式学习，也可以为小组合作学习的评价提供及时反馈的信息。教师可以查看学生的学习进度和学习记录，学期末教师可以得到每位学生的学习评估报告。云班课还可以为每位学生学习的过程性评价提供数据依据。

第五章

教育技术与教师教育

科学技术的进步给社会和教育带来了巨大冲击，现代教育技术的成熟与广泛应用，也为教育适应性发展的需要提供了必要的支持。然而，正像科学技术的进步给社会和教育带来的冲击一样，现代教育技术在教育教学领域的广泛应用，也对传统的教师职业及其教师本身的素质构成提出了严峻挑战。本章即针对现代教育技术与教师教育进行研究与分析。

第一节　教育信息化对教师教育的新要求

一、教育信息化概述

1963 年，日本著名社会学家梅棹忠夫教授在其论文《论信息产业》中首次提出“信息化”一词，当时，对“信息化”这一概念主要是从产业角度进行阐述和界定的。20 世纪 70 年代，德国、欧洲共同体和联合国教科文组织等国家及国际组织先后出台了一系列推动信息技术在社会中应用和发展的规划，这些规划都把信息基础设施作为重要一环。1993 年 9 月，美国政府提出了国家信息基础设施建设计划，其核心是发展以 Internet 为核心的综合化信息服务体系和推进信息技术（Information Technology，简称 IT）在社会各领域的广泛应用，这就是俗称的“信息高速公路”（Information Super Highway）计划。在美国的这项“信息高速公路”计划中，特别把信息技术在教育中的应用作为实施面向 21 世纪教育改革的重要途径，美国的这一举动引起了世界各国的积极反应，英国、法国、德国、中国等众多国家相继制定了推进信息技术在本国教育中应用的计划。1979 年，我国学者奚熙贤在《气象》期刊第 10 期上发表了一篇文章《气象资料信息化在我站的应用》，这应该是我国学界第一次使用“信息化”这一术语。关于信息化的界定，我国学术界曾经有过很长时间的探讨，学者们意见不一。有的学者认为，信息化是指计算机、通信和网络技术的现代化；有的学者认为，信息化是对某一系统或某一领域中信息的生成、分析、处理、传递和利用所进行的有意义活动的总称；有的学者认为信息化是一个从工业社会向信息社会演进的过程；还有学者认为，信息化是一个从物质生产占主导地位的社会向信息产业占主导地位的社会转变的发展过程。1997 年 4 月，我国在首届全国信息化工作会议上将信息化定义为培育、发展以智能化工具为代表的新的生产力并使之造福于社会的历史过程。2006 年 5 月，我国政府《2006—2020 年国家信息化发展战略》中明确指出，信息化是充分利用信息技术，开发利用信息资源，促进信息交流和知识共享，提高经济增长质量，推动经济社会发展转型的历史进程。自此，我国对“信息化”进行了明确的界定，提出了比较系统全面的国家信息化发展战略，主动迎接信息化发展带来的新机遇。

如今，信息化已经成为推动世界各国政治、经济、社会、文化和军事等领域变革的重要力量。相对于信息化而言，教育是一种特殊的产业，教育信息化是一种行业信息化。随着网络技术的迅速普及，我国社会的发展与信息技术的关系越来越密切，人们越来越关注信息技术对社会发展的影响，“社会信息化”的提法开始出现，联系到教育改革和发展，“教育信息化”的提法也开始出现了。1999 年 6 月，中共中央、国务院发表了《关于深化教育改革，全面推进素质教育的决定》，在第 15 条中指出“大力提高教育技术手段的现代化水平和教育信息化程度”。这或许是“教育信息化”这一术语在我国政府文件中的最早出处。2000 年 10 月，时任教育部部长陈至立在全国中小学信息技术教育工作会议上做了题为《抓住机遇，加快发展，在中小学大力普及信息技术教育》的报告，提出“全面启动中小学‘校校通’工程，为中小学普及信息技术教育、推动教育信息化建设奠定基础”的目标，计划用 5~10 年时间，使全国 90%左右的独立建制的中小学校能够与互联网或中国教育卫星宽带网连通，使中小学师生都能共享网上教育资源，提高所有中小学的教育教学质量，使全体教师能普遍接受旨在提高实施素质教育水平和能力的继续教育。2004 年 3 月 1 日，国务院批准了教育部《2003—2007 年教育振兴行动计划》，其中将“教育信息化建设”列为六大工程之一。2006 年 3 月，中共中央、国务院在《2006—2020 年国家信息化发展战略》中明确指出，要加快教育科研信息化步伐，提升基础教育、高等教育和职业教育的信息化水平，持续推进现代远程教育，实现优质教育资源共享，促进教育均衡发展。2010 年 7 月，中共中央、国务院在《国家中长期教育改革和发展规划纲要（2010—2020 年）》中，从教育信息基础设施建设、优质教育资源开发与应用、国家教育管理信息系统构建三个方面阐述了我国教育信息化发展的基本思路，并特别指出信息技术对教育发展具有革命性的影响，必须予以高度重视。2012 年 3 月，教育部颁布了《教育信息化十年发展规划（2011—2020 年）》，进一步推进我国教育信息化的总体战略、发展任务、行动计划和保障措施，积极推进教育信息化能力体系建设，推动信息技术与教育的双向融合创新；同时，更加重视教育信息化的引领性作用，强调利用教育信息化破解制约我教育发展的难题。2016 年 3 月，我国政府发布《国民经济和社会发展第十三个五年（2016—2020）规划纲要》，其中明确将教育信息化列为教育现代化重大工程，并积极推动现代信息技术与教育教学的深度融合。2016年6月，教育部颁布了《教育信息化“十三五”规划》，在《国民经济和社会发展第十三个五年（2016—2020）规划纲要》指导意见的基础之上，立足于我国教育信息化发展的现状，对我国未来五年的教育信息化发展提出了新理念、新思路和新方法。

目前，我国政府的各种文件已经正式使用“教育信息化”这一概念，从国家颁布的一系列政策文件也可以看出国家对于教育信息化的重视程度。目前，学术界对于教育信息化的概念没有统一的界定，国内学者从不同的研究视角出发，对教育信息化进行了不同的内涵解读。其中，比较有代表性的定义有下列几种：

1. 所谓教育信息化，是指在教育中普遍运用现代信息技术，开发教育资源，优化教育过程，以培养和提高学生的信息素养，促进教育现代化的过程。

2. 教育信息化是指在教育领域全面深入地运用现代化信息技术来促进教育改革和教育发展的进程，其结果必然是形成一种全新的教育形态——信息化教育。

3. 教育信息化是指在教育与教学的各个领域，积极开发并充分应用信息技术和信息资源，培养适应信息社会需求的人才，以推动教育现代化进程。作为系统工程的教育信息化，其基本要素体现在应用、开发、网络、产业、人才和政策六个方面。

4. 信息与信息技术在教育、教学领域和教育、教学部门的普遍应用与推广，这就是教育信息化的基本内涵。

5. 教育信息化是以现代信息技术为基础的新教育体系，包括教育观念、教育组织、教育内容、教育模式、教育技术、教育评价、教育环境等一系列的改革和变化。教育信息化不是简单的计算机化或网络化，而是一个关系到整个教育改革和教育现代化的系统工程。

6. 所谓教育信息化，就是将信息作为教育系统的一种基本构成要素，培育和发展以智能化教育工具为代表的新的教育能力，在教育的各个领域广泛地利用信息技术，并使之促进教育事业发展，实现教育现代化的历史过程。

可以看出，我国学者从各自的学科背景和研究视角出发，对教育信息化进行了不同的概念界定。实际上，可以分别从空间和时间两个维度来理解教育信息化的具体内涵。从空间上来看，教育信息化是一个系统工程，在各级各类教育机构和部门中全面推进信息技术与教育教学过程的深度融合，实现教育观念、教育内容、教育模式、教育评价、教育环境等一系列的改变和革新；从时间上来说，教育信息化是一个过程，是一个运用信息技术开发教育资源、优化教育过程、提高师生信息素养，并最终实现教育现代化的过程。

二、从师范教育到教师教育的转型

纵观我国改革开放四十多年以来的师范教育，主要经历了师范教育阶段、师范教育向教师教育转型阶段和教师教育阶段。从师范教育到教师教育，这一过程不仅仅意味着术语概念的转变，更象征着教师培养观念的根本性变革，也是国际教育发展的必然趋势。随着教育理论的不断更新和教师教育自身的发展，传统的“师范教育”已经不能反映出教师培养的实际状况，更不能服务于教师的持续成长和发展。2001 年 5 月，我国在《国务院关于基础教育改革与发展的决定》中首次使用“教师教育”的概念，取代了长期使用的“师范教育”一词，提出要“完善以现有师范院校为主体、其他高校共同参与、培养培训相衔接的开放的教师教育体系”。2011 年 10 月，教育部颁布的《教师教育课程标准》也是立足于国际教育发展趋势，旨在推动从“师范教育”到“教师教育”的观念更新，尤其是推进教师教育课程体系的整体变革。相对于曾经的师范教育，“教师教育”与“师范教育”的不同之处主要体现在以下几个方面：

首先，教师培养模式从职前教育走向终身教育。师范教育是一种教师的职前培养教育，而教师教育不仅是指教师的职前培养，还包括教师的职后培训继续教育。可以看出，传统的师范教育是一种终结式的教育模式，与职后教育没有必然联系。虽然师范教育被界定为“包括职前教师培养、初任教师考核试用和在职培训”，也就是说，教师可以参加由教育学院、教师进修学校接受在职培训，但这些在职培训机构与承担职前教师培养的师范院校归属于不同的教育管理部门，它们在办学体制、课程设置、资源配置等方面没有相应的沟通机制，这就意味着职前教育、入职教育、在职教育是互不相关的，这显然不利于教师的专业发展和职业成长。而教师教育的概念不再局限于职前教育，而是将职前、入职、职后三个阶段相贯通，这是一种基于终身教育思想的连续性教师培养模式。在终身学习的教师教育体系中，教师的学科知识，以及其终身获取与追求知识的意愿和能力，可以在大学的学习生活中养成；教育理论、学生成长变化等知识可以通过教师的职前专业培训来实现；而真正的专业态度和价值观只有在实际的工作过程中才能逐渐形成；在教师工作岗位上，教师还需要通过持续的继续教育以达成专业知识的更新和专业能力的发展。

其次，教师教育机构和教育对象发生了变化。在传统的师范教育阶段，其主要任务是为中学、小学和幼儿园培养合格的教学人员，分别由幼儿师范学校、中等师范学校和高等师范院校承担该项任务；在师范教育向教师教育转型发展过程中，中等师范学校和幼儿师范学校被撤并，教师职前培养只保留了师范专科学校和师范本科院校两级，即由原来的三级师范教育体系变为二级教师教育体系；进入教师教育阶段之后，教师培养机构就不再局限于师范院校，综合类院校、非师范院校也可以培养教师，而且培养对象大大扩展，不仅有中小学、幼儿园教师，还包括高等学校教师、职业教育教师、成人教育教师等在内的各级各类教育师资。在开放、多元的教师教育体系中，传统师范院校将被迫面对垄断教师培养时所不曾遇到的挑战，从而不得不加大改革与创新力度，以提高其人才培养力量。即是说，传统师范院校可以在现有基础之上不断夯实自身的培养优势，加强教师专业教育；而综合性院校、非师范院校也可以根据自身的实际情况，通过开办教师教育学院、开设教师教育课程等途径为有从教意向的大学生提供指导和支持。

再次，从强调教师职业的伦理性逐渐转向重视教师职业的专业性。从“师范”二字来看，我国历来对“师范”二字赋予了更多伦理学的色彩，对教师过于强调师德师风的重要性，要求教师必须要有高于其他职业的高尚道德情操。唐代韩愈指出，“师者，所以传道授业解惑也”。汉代杨雄说，“师者，人之模范也”。著名教育家陶行知先生的名言“学高为师，身正为范”更是被当作教师职业道德的最凝练的概括，还被诸多师范院校奉为校训。叶圣陶先生也说，“教师的全部工作就是为人师表”。这些都充分表明，在师范教育体系下，教师的思想和行为是学生乃至世人学习的典范，所以培养教师不只是要使其掌握相关的学科知识与教育教学能力，更要重视对其进行师德的熏陶。而教师教育将教师视为拥有相应的专业知识，能够根据其特有的专业经验，为特定对象提供专业服务的专业化职业。因此，教师教育是将教师看作一项必须经过一定专业的教育，而不是仅仅看重师德师风为主的伦理性职业。

最后，伴随着教师职业的专业化，教师角色的定位也发生了转变。在以往的师范教育体系下，教师只是纯粹的教育工作者；而教师教育体系下的教师，不仅仅是教育工作者，同时还是教育科学研究人员。教师的教育科研能力是根源于教育实践而又有所超越和升华的创新能力。作为兼具教育者和研究者身份的教师，应以研究者的心态置身于教育教学情境之中，以研究者的眼光审视和分析教育教学理论与实践过程中的各种现象，对出现的问题进行探究，对积累的经验进行总结，对自身的行为进行反思，使其形成规律性的科学认识。然后，以科学认识促进自身教学效果的不断改善，并运用研究成果引导学生从事创造性的活动，从而培养学生的创新意识和创新能力。

三、教育信息化对教师教育的新要求

教育信息化是我国社会信息化发展的战略重点之一。在《国家中长期教育改革和发展规划纲要（2010—2020年）》中，提出要提高教师应用信息技术的水平，更新教学观念，改进教学方法，改善教学效果；并鼓励学生利用信息技术手段主动学习、自主学习，增强运用信息技术分析和解决问题的能力。2016年，教育部在《教育信息化“十三五”规划》中特别强调要深化信息技术与教育教学的融合发展，要依托信息技术营造信息化教学环境，促进教学理念、教学模式和教学内容改革，推进信息技术在日常教学中的深入、广泛应用，教师信息化教学能力、学生信息素养的显著提升，以适应信息时代对培养高素质人才的需求。同时，教育部提出要建立健全教师信息技术应用能力标准，将教师信息技术应用能力纳入教师培训必修学时（学分），将能力提升与学科教学培训紧密结合，有针对性地开展以深度融合信息技术为特点的课例和教学法的培训，培养教师利用信息技术开展学情分析与个性化教学的能力，增强教师在信息化环境下创新教育教学的能力，使信息化教学真正成为教师教学活动的常态。

教师教育是教师培养的重要工作范畴，其根本目的在于为各级教育系统提供和培养合格的教师队伍。在信息化的社会背景下，各种学习资源、学习技术、教育理念层出不穷，教育领域正在经历着前所未有的变革。当信息化进入教育系统之后，基础教育、职业教育、高等教育、远程教育纷纷开始探索现代信息技术在教学中的应用，各种教育改革风起云涌，教育再也无法完全依赖于传统的思想和方法来完成培养人的历史使命。教育信息化对教育思想、教育理念、教育制度、教育组织方式、教学内容、教学方法都产生了革命性的影响，也向教师教育提出了新的要求。教师是教育信息化的重要对象，教育信息化离不开教师教育的信息化。教师教育信息化既是信息时代教师专业化的必然要求，也是信息社会教师专业发展的必然结果。教师教育信息化指的是把现代信息技术和教育技术应用于教师教育的全过程，实现教师信息化教育和教师教育过程的信息化管理，其目的是以信息化带动教师教育的现代化，从而实现教师教育的跨越式发展。

（一）重视教师教育信息化的理论建设

在教育信息化的过程中，需要广泛地应用各种机器、设备，但不能单纯以技术论、机器论的思想来理解，不能简单地以为教育信息化就是让计算机代替教师讲课，教育信息化就是采用计算机呈现教学内容，教育信息化就是使用计算机来存储教学信息，这种认识是极其错误的。教育信息化的过程不仅仅是将一种信息机器引入到教育领域的过程，更是一种教育思想、教育观念变革的过程，是一种基于创新教育的思想有效地使用信息技术，实现创新人才培养的过程。教师在教育信息化的过程中扮演着非常重要的角色。教师教育信息化的本质是，在教师教育领域内吸收教育信息化的先进思想，应用现代教育技术手段，改革教师教育的模式和内容，培养具有创新精神、实践能力和信息素养的现代教师。综观我国教师教育信息化建设的现状，硬件建设已经引起了普遍的重视，但还缺乏对教师教育信息化背景下教师专业发展的理论研究与实践探索，对现代教师应具有的信息素养认识不足，对教师教育中开展信息技术教育的本质认识还不够。例如，对在职教师进行信息技术培训时，往往以培训教师开发多媒体课件为主。而事实上，多媒体课件只是信息化教育系统中的一个构件，除了多媒体课件，一个完整的信息化教育系统还需要一个强大的学习管理系统，并需要利用多种信息工具和大量的信息资源作为教学支撑。因此，基础设施的改造和完善，只是教师教育迈向信息化的基础和前提，教师教育信息化建设不能只停留在物质设施的层面，必须要重视教师教育信息化的理论建设。只有在正确的教师教育信息化理论指引下，教师教育信息化的建设才能沿着正确的道路不断前进。

（二）运用信息化教育构建教师教育课程体系

要培养具有信息素养的现代教师，必须要依托于教师教育的课程体系。从信息技术在教育过程中的应用来看，教师在教学中重要的信息素养能力之一就是将信息技术与学科课程予以整合。只有实现信息技术与学科课程的深度融合，才能实现信息化教育的目标。信息技术与课程整合不是简单地把信息技术作为辅助教师教学的演示工具，而是要把信息技术作为师生获取信息、探索问题、协作讨论、解决问题和构建知识的认知工具，即要实现信息技术与学科教学内容的深度融合。也就是说，信息技术与学科课程整合不是帮助教师向学生进行知识灌输，而是要在信息化的学习环境下，利用信息化的学习资源，教师帮助学生进行知识的重构和创造。在这个过程中，教师不再是知识权威，不再是课堂中心，而是学生自主学习活动的引导者、支持者和帮助者。教师是信息技术与学科课程整合过程中的关键，离开了教师的积极参与，整合将无从谈起。因此，在教师教育课程体系中，需要对教师进行多方面的培养和培训，包括信息化教育理论培训、信息技术能力培训、教学设计方法培训、信息技术与课程整合模式培训等。

（三）完善教师教育信息化过程服务

与师范教育不同，教师教育不再是终结性的职前教育，而是贯穿教师职业生涯过程的终身教育。与职前教育相比，受限于我国教育事业发展中的实际情况，教师的职后培训和继续教育一直是整个教师教育过程中的薄弱环节。而教师教育信息化正是以网络技术手段为支撑，充分而有效地运用多种媒体，可以从根本上打破知识传播的时空局限，使知识传播的快捷性和广域性成为现实。这些也为改善教师的职后培训和继续教育现状带来了新的契机，基于网络的远程教育可以为在职教师提供持续学习和更新知识的平台和服务。需要注意的是，基于网络平台的相关服务需要持续跟进和完善，这里可以参考国外的一些做法。美国实行教师负责制，一位教师要负责资源建设、教学指导、答疑服务、作业批改、考试评价和分析等课程教学的全过程，学习者也会根据学习效果对教师进行满意度评价。为了获得更高的满意度，教师会尽力为学习者解决学习过程中遇到的问题。我国高校可以根据自身条件，按照因地制宜的原则在教师教育信息化的过程中进行借鉴。比如，可以为学习者提供招生咨询、个性化学习支持、学习资料配送、成绩查询等学习全过程的支持服务；还可以为学习者提供有关心理方面的问题咨询，以尽可能地弥补远程学习过程中的师生面对面情感交流、校园人文环境熏陶等方面的缺失。

第二节 教育技术对教师教学技能训练的支持

一、教师教学技能概述

技能与能力是密切相关的。能力是指人能顺利地完成某种活动的个性心理特征，往往要借助于多种能力的结合才能完成某种活动。《辞海》(1999 年版) 认为，技能是指运用实践知识和经验进行有目标活动的能力。关于教学技能，国内外学者从不同的研究视角出发，基于不同的理论基础和定义范畴，得出的结论也不尽相同。斯诺认为教学技能是由与行为及认知相关的事项结构的系列组成。莫里孙、马肯塔尼亚将教学技能看作是为了达到教学上规定的某些目标所采取的一种常用的并且是有效果的教学方式。澳大利亚学者认为教学技能是指教师在课堂教学中的一系列行为，这些行为是影响教学质量、促进学生学习的主要方面，它们具有可观察性、可描述性和可培训性，每一种行为又具有被分解为不同构成要素的特点。加涅、安德森提出人的各项技能及能力的获得，都是陈述性知识和程序性知识相互作用的结果，而教学技能就被划入程序性知识。总之，教学技能就是指教师在课堂教学中能够综合运用专业知识、教育教学理论以促进学生学习的一系列教学行为方式，是教师内在职业素质和职业技能的外化表现。教学技能潜移默化地存在于教师自身的能力之中，是教师自身能力经过内在综合之后外化为知识和行为的实践。

2001 年，教育部颁发了《基础教育课程改革纲要（试行）》，我国基础教育课程体系在课程目标、结构、标准、内容、实施、评价和管理等各个方面进行了全面而深刻的整体改革。课程改革提出的一些新理念对教师的教学行为和专业技能提出了严峻的挑战，促使教师在教学中对其作出回应，同时也为教师教学技能的发展提供了难得的机遇。从某种意义上说，教师的专业素质和教学技能决定着课程改革的成败。2010 年 7 月，教育部颁布的《国家中长期教育改革和发展规划纲要（2010—2020 年）》中明确指出，“创新培养模式，增强实习实践环节，强化师德修养和教学能力训练，提高教师培养质量。”熟练掌握教学技能、提高从师执教的能力已经成为教师教育培养的核心任务之一。20 世纪 80 年代以来，世界各国积极尝试和探索多种教师教学技能培训的方法和途径，如：案例教学法、合作学习法、课堂实录法、微格教学法、网络远程培训法和校本教研等，这些不同的培训方法和教研方式有其不同的产生背景、特点和适用条件。随着计算机和网络通信技术的快速发展，现代教育技术在教育教学中得到广泛应用，教师的教学技能培训也随之变得更加方便和灵活。接下来，将重点分析课堂实录法和网络远程培训法的实施过程。

二、运用课堂实录促进教师教学技能发展

（一）课堂实录概述

课堂实录是运用拍摄设备对课堂的教学过程进行记录。它最大的特点是能够根据课后所需真实再现课堂实况，像一面镜子一样展现课堂真实情境，让研究者既能观察到教师的授课状况，还能观察到学生的反应。微格教学是一种不断训练教师掌握教学技能的理论和方法。作为一种训练新教师的培养方式，微格教学指的是在指导教师的理论指导下，模拟小型课

堂，受训者对一组学生授课 5～15 分钟，拍摄者将课堂实况摄录下来，然后在指导教师的引导下，受训者反复观看视频材料并进行讨论评价，最后由指导教师进行总结。微格教学只选取某一小部分的教学内容进行有针对性的训练一种或几种教学技能，较少对受训者进行宏观训练。

相较于微格教学，课堂实录的不同之处主要体现在以下几点：

1. 微格教学是以少数学生为教学对象，而课堂实录是以一个完整的班集体为教学对象。课堂实录不是缩微课堂，而是直接在现实课堂中进行授课。

2. 微格教学只采用一节课的一部分作为教学内容进行模拟授课，上课内容少，比实际上课时间短。而课堂实录是按照正常的教学进度安排，现实课堂比模拟课堂更能全面反馈教师的教学技能。

3. 同样作为视频资料，微格教学更侧重于关注教学内容，而课堂实录更侧重于关注教师，关注教师的手势、体态语言等所发挥的重要作用。课堂实录以教师为主导，更是以学生为主体，完全实现了教师与全体学生的互动，切身从学生的角度出发来设计教学。

4. 不同于微格教学的模拟课堂，课堂实录是在真实课堂中进行录制。固定好三脚架，携带具有摄像功能的器材（照相机、摄像机、DV 等），在教师正常上课的时间点就可以进行录制。这种手段简单，容易操作，不受时间、人员、场地等条件的限制。

5. 微格教学侧重于培训范式，注重教师技能的获得，教师获得技能而使教学行为发生变化，可以说这种模式更侧重于以受训者为中心的传授式培训，而课堂实录更侧重于发展范式，注重受训者的教学行为的整体改善，教师持续的学习，在实践、反思中改进教学行为，因此课堂实录的培训方法更注重过程性经验知识，即在真实的教学情境中进行体验与反思。

（二）运用课堂实录培训教师教学技能的过程

教学模式具有较强的执行能力，能够将抽象的教育理论知识转化为具体可操作的教学策略。微格教学的教学模式重点是“微格”，突出的特点是培训时间短、内容单一。但在实际的课堂教学活动中，教师必然要涉及多种教学技能，这些技能也包括教师能够在各种教学技能之间的自然转换。课堂实录则强调受训者从教学模式中来评价自己在教学中的行为，反复练习，纠正自己的行为，使之熟练地掌握课堂教学活动中的各种技能。

1. 观摩示范

观摩示范的主要目的是有目的地组织受训者观摩优秀教师的课堂教学，从观摩中学习组织和处理教材的能力，从感性上领会课堂教学的全过程。尤其是对于中小学生，更需要在课堂教学中对重要事实、概念、观念等进行形象化的直观解释。关于这一点，指导教师要在训练过程中对受训者给予必要的提示与指导，让受训者切身体会到应该如何去做，帮助受训者从观摩中得到直观的感知，从而使其能够在日后的教学中进行效仿和练习。

2. 设计、编写教案

首先要确定好要对受训者进行训练的教学技能有哪些，也就是要确定训练目标。确定目标之后，指导教师要辅导受训者选择恰当的教学内容，受训者要编写详细的教案。编写教案要以教学设计为依据，以所要训练的教学技能为指导，围绕教学目标，准备教学媒体、预测学生可能出现的行为、分配教学时间等教学细节。最好能标注教师的教学行为与所运用到的教学技能。受训者在教案中要详细说明教师的教学行为和学生的预期反应，每节课针对两种或多种教学技能进行综合训练。编写好的教案应及时请教指导教师进行修订。

3. 尝试教学、课堂实录

根据编写教案，已经明确每节课所要训练的教学技能。受训者以教师角色进行授课。在课堂教学过程中，摄像人员对受训者的教学行为和学生的学习反应进行准确摄像，确保记录及时的、有效的课堂互动，以便为反馈、评价环节提供详尽、真实的情境再现。同组的其他受训者和指导教师注意观察并记录受训者的教学、教态和教法等。

4. 观看录像回放

在课堂教学结束之后进行录像回放，由指导教师和受训者共同观看。通过观看摄像人员摄制而来的教学录像资料，受训者可以在课后进行有针对性的评价和反思，有利于受训者自身教学技能的提高。

5. 评价总结

观看录像回放后，由其他受训者对教学过程进行评价，然后由指导教师进行总结评价，肯定其优点，指出其不足，并给出改进意见。最后全部评价人员填写评价考核表。在整个训练过程中，教学、评价和总结是有机地融合在一起的，受训者在交流、评价和总结的过程中得到消化与提升，加深对所训练教学技能的认识。并通过指导教师的总结，完成理论与实践的有机融合。

6. 反思修正、重新授课

教师在每节课结束之后都需要进行教学反思。受训者也要在进行自我分析和接受他人评价之后，重新修正教案；并在实践中不断使用、修改和充实教案的内容。受训者也可以采取写反思日记的方式帮助认识自身的不足，以便于更好地改正。这种方式非常有助于受训者的快速有效成长。然后，受训者根据上述反思修正和开始新一轮的授课。

总之，课堂实录作为一种简便易行的培训方法，借助于具有摄像功能的器材（照相机、摄像机、DV 等），就能够将转瞬即逝的课堂教学过程记录下来，具有很强的实际操作性，它的作用是不容忽视的。课堂实录具有反馈及时、准确、效率高、可操作性强等特点，再加上指导教师的指点，使得培训目标明确、有针对性；重点突出、易于控制和掌握。所以，课堂实录能够有利于教师的教学技能提高和教师的职业发展，从而对课堂教学效果的持续改善产生深远的影响。需要注意的是，受训者的动机和个性是影响课堂实录培训效果的重要因素，受训者的知识储备、性格、人际关系、工作态度等因素也会对培训效果产生很大的影响，因此，在实际的培训过程中，应注意根据受训者个体差异，进行适当的沟通和调整。

三、基于网络环境开展教师教学技能培训

现代信息技术手段在教育教学中的渗透对教师教学技能提出了新的要求，教师只有不断学习才能适应网络时代的教育发展需求。目前，职后培训依然是教师提升自身素质的重要形式和途径。而传统的教师职后培训越来越暴露出其固有的弊端：面对面的长期培训导致受训者“工学矛盾”突出；集中式培训的车旅、餐饮和住宿等额外开支增加培训成本；培训时间难以保证，工作日正常上班、节假日培训造成教师身心疲惫。培训形式单一、培训时间紧张也降低了教师参与培训的积极性，而且，教师在培训结束后的相互交流和信息反馈不能及时实现，也成为传统教师教育培训过程中难以解决的突出问题。在教育信息化背景下，网络为教师教学技能培训和交流提供了一条便捷的途径。在进行教师教学技能培训时，不必再需要固定的场所，而是随时随地打开笔记本电脑，通过摄像头将自己的授课过程记录下来，并通过无线网络传输系统，同步将授课过程传输出去，然后再由其他参与者发表评论并实时传递回来。网络平台的开放性消除了时空的约束，受训者可以选择自己最合适的时间参与培训活动，并在活动过程中开展网上交流，提高自己在培训中的参与度，以保证评价信息的数量和质量。因此，可以基于网络平台进行教师教学技能训练与评价，有效提升教师的课堂教学技能。

基于网络平台的教师教学技能培训模式是将案例学习、合作学习、行动学习作为一个学习循环过程，通过案例—协作—行动—反思—更新的学习行动，体现了“做中学”的思想。该模式利用微格教学的特点开展有效训练，将训练过程记录下来作为自己教学实践的反思依据，也可以广泛开展协作和交流，使相互评价与教学反思贯穿整个培训始终，并在评价交流和过程体验中获得知识。QQ、BBS、E-Mail 等网络通信条件下的微格学习环境，便于信息资源的交流与共享，有利于充分实现多元化评价和受训者的反思提高，使“做中学”思想在新的环境中得到充分有效的结合与应用。

（一）丰富案例资源，提供学习范式

案例研究的过程是新理念转化为实践行为的过程，案例积累的过程是教师专业成长的过程。学校可以采用数字化视音频采集设备，摄录专家教师、新手教师的课堂教学视频材料或教学技能训练片段，建立数字化视频案例库，其中包括“名师授课”“典型范例”“实况录像”等优秀教学范例及各项基本技能和综合技能的教学片段以供模仿或借鉴。案例库的建立为受训者提供了自主学习的环境和平台，为随机进入的教学技能训练提供了支持，突破了传统的观摩模式，受训者可以不受时间和设备的限制，随时通过网络途径调用或下载教学案例进行观摩，既方便了查询检索，也易于编辑整理。丰富的案例材料提供了充足而真实的学习范式，受训者可以以最小的投入和最大的时效解决教学中出现的各种问题。同时，受训者在占有、选择、借鉴他人信息资源的同时，也可以将个人的教学资料上传至网络，方便大家共享自己的教学成果，以不断丰富和完善系统资源库。通过案例开发和资源共享，便于受训者之间的沟通借鉴和深入研究，从而共同学习和掌握对教学过程进行分析、反思和研讨的能力。①

（二）诊断自我能力，确定训练目标

在进行教学技能训练之前，受训者要先对自己的实际教学能力和水平进行自我分析和诊断评价，然后根据自身的基础和需求，有针对性地选定几项需要训练的技能，确定训练所要达到的目标。通过上网查询微格教学网络课程，主动了解和学习教学技能的分类标准、训练步骤、评价理论等内容，在此基础上理解和掌握各单项教学技能的特点、作用，认识技能训练的应用要点，从而使训练目的明确、主题突出、准备充分，以确保教学技能训练确实有效。确定好训练技能后即着手撰写教案。微格教学的教案需要详细说明该教学技能应用的构想，注明教学目标、教师的教学行为、

① 潘庆红，陈世灯，吴大非．现代教育技术［M］．北京：中国铁道出版社，2018.

学生的学习行为、时间分配以及所应用的教学媒体等。

（三）营造学习环境，开展协作交流

计算机的普及、网络资源的丰富及信息沟通功能的强大，使得人与人之间的互通交流更加方便、快捷，也使得利用网络通道开展教研讨论和技能交流成为可能。在确定了训练课题以后，受训者可以在网上自行搜集相关信息与资料，随时调取技能训练的视频案例，进行自主学习和诊断；利用 QQ、MSN 等同步互动平台提供的网络视频传输功能，创设网络学习训练环境，开展网上协作训练；通过公共网络、校园网络、个人主页建立 QQ 教学研讨群或利用 BBS、E-Mail 等同步或异步交流平台，开展基于网络的合作教学研讨与评价，以寻求有针对性的帮助和指导，在学习共同体合作交流的环境中，相互补充和共同提高，解决教学技能训练中出现的问题。

（四）实施模拟训练，记录行动进程

教学技能的形成从来都不是与生俱来的，必须加强规范化的分解训练，才能更好地形成。数字化微格教学训练系统满足了基于信息技术与学科课程全面整合的要求，为现代教学技能的训练创造了良好的物质条件。经过查询资料、确定目标、案例研讨、自我诊断等步骤后，受训者进入微格教学模拟实践的行动学习环节。在行动训练中，受训者既可以使用投影机、录放音机训练常规教学技能，也可以进行网络信息的查询、视频资源库的建设和使用、电子作业的上传等信息技能操作，掌握现代教育技术、信息技术与学科整合、网络协作教学等信息化环境下的教育教学技能；既可以记录训练中自己实践行动的过程，把它作为进行系统、全面反思的依据，为新的实践行动积累经验，也可以设立技能训练电子档案袋，建立个人网络日志，收集自我评价、他人评价、实时评价、离线评价等信息，以及文本、视频、个人或集体的多元化信息资料，丰富行动学习方式和学习过程的评价，从而跟踪、记录、交流教师个体和教师共同体的实践行动学习进程，为教师专业成长建立职业发展档案。

（五）深入教学实践，实现专业发展

学习者的知识应该是他们在与环境的交互作用中自行建构的，而不是接受灌输得来的。虽然经过前述培训方式或训练模式的学习，但在面对实际课堂教学中的诸多不可控因素时，很多受训者往往表现出手足无措、顾此失彼等教学失误。因此，只有进入真实课堂的教育实习和教学实践环境，在拥有大量教学体验和接受指导教师的经验引导下，受训者才能真正内化教学方法与教育理念，使理论与方法充分迁移到实际的教学行为之中，通过在实践中不断验证理论并运用理论来促进实践，从而在行动中学习、在实践中提高。同时，强化受训者继续学习和终身学习的观念，在夯实其专业理论根基的基础上进行信息化教学技能训练，促使其教学能力更加有效地向专业化发展。

总之，在网络信息时代和新的教育形式下，信息技术应用和网上协作正在成为人类共事和现代教与学的重要形式，也成为新一代教师必须掌握的教学能力。基于网络环境的教师教学技能培训模式在继承传统微格教学技能培训优势的同时，充分利用网络资源和信息平台，探索信息化环境下新的教学技能训练方法，帮助教师开展网络环境下的行动协作学习，使其不断适应信息化时代教育改革和教师专业发展的需要。

第三节　教师教育技术能力标准

一、美国的国家教师教育技术能力标准

作为一个信息时代的合格教师，究竟应该具备哪些有关信息技术的基本知识、技能和素养，具备哪些运用信息技术进行教学的知识和技能，才能有

效地在课堂教学中使用信息技术？1993 年，国际教育技术联合会（International Society for Technology in Education，简称 ISTE）制定了美国国家教师教育技术能力标准（National Educational Technology Standard for Teachers，简称 NETS），具体说明了教师在教学中有效运用计算机和其他电子设备所必须具备的技能和知识。美国国家教师教育认证委员会（The National Council for Accreditation of Teacher Eduction 简称 NCATE）将这个标准作为审核教师认证、培训有关项目的依据。2000 年，国际教育技术联合会（ISTE）推出了美国国家教师教育技术能力标准（NETS）的第三版，该版本中共给出 23 个行为指导，它们分别属于 6 个能力范畴，充分体现了有关使用技术进行教和学的研究，以及技术等方面的进步，具体内容如下。

（一）技术的操作和概念

教师应对技术的操作和概念形成正确的理解。具体内容包括：

1. 形成有关技术的基本知识、技能和概念理解；

2. 能持续更新自己有关技术的知识和技能，以便能够跟上技术的新发展。

（二）策划、设计学习环境和过程

教师策划和设计基于技术支持的学习环境和过程。具体内容包括：

1. 设计适应学生发展水平的学习活动，在其中采用能够发挥技术优势的教学策略，以满足学习者的不同需要；

2. 在设计教学环境和过程时，能利用教学技术研究新成果；

3. 明确、查找有关的教学资源，并评价其准确度和合理性；

4. 制定学习活动中教学资源的管理计划；

5. 制定技术环境中学生学习的管理策略。

（三）教学、学习与课程

教师完成全部课程计划，其中包括应用技术促进学生学习的最优化方法和策略。具体内容包括：

1. 促进技术支持的学习过程，同时达到课程内容标准和学生技术标准；

2. 用技术支持以学习者为中心的教学策略，满足学生的不同需要；

3. 运用技术发展学生的高级思维能力和创造力；

4. 管理学生在技术化环境中的学习活动。

（四）测试与评估

教师利用技术进行更方便、更有效的评估。具体内容包括：

1. 运用技术、采用多种评价方法来评价学生对学科内容的掌握情况；

2. 利用技术收集、分析各种数据，得出分析结果，并与他人交流分析结果，以改进教学实践，促进学生学习的最优化；

3. 使用多种评价方法，判断学生在学习、交流和实践活动中使用技术资源的有效性。

（五）工作实效和职业实践

教师利用技术促进他们的工作实效和职业实践。具体内容包括：

1. 利用技术资源促进持续的专业能力发展和终身学习；

2. 对自己的教学活动进行不断的评价和反思，以便在利用技术促进学生学习方面作出有效的决策；

3. 利用技术提高自己的工作实效；

4. 利用技术手段与其他教师、家长和社区成员进行交流、合作，以更好地促进学生的学习。

（六）社会、道德、法律和人性方面的问题

教师要了解与 PK-12 学校中的与技术应用有关的社会、道德、法律和人性问题，并将这些知识观念应用在实践中。具体内容包括：

1. 示范、传授与技术利用有关的法律和道德习惯；

2. 利用技术资源使不同背景、不同性格和不同能力的学习者均能得到良好的发展；

3. 明确和使用体现多元化差异的技术资源；

4. 促进技术资源的健康、安全的使用；

5. 保障所有学生都能够有均等的机会使用各种技术资源。

除了上述的能力范畴和行为指导之外，国际教育技术联合会（ISTE）还针对四类不同的对象，进一步细化出多个与日常教学紧密联系的具体行为项，通过参照这些行为项，教师可以很容易地判断自己是否符合该标准的要求，培训机构也可以据此对教师作出判断。这四类对象包括：完成了培训课程中基础部分的师范学生、进行教学实习之前的师范学生、实习结束已经拿到教师资格证书的教师、已经完成第一年教学实践的教师。

二、我国中小学教师教育技术能力标准

作为对信息化时代教师信息素质的基本要求，美国教师教育技术能力标准的内容与我国教育界目前所关注的人才信息素养培养在本质上是一致的。一般来说，信息素养包含技术和人文两个层面上的意义。在技术层面上，信息素养反映的是人们搜索、鉴别、筛选、利用信息的能力，以及有效地在教学过程中使用信息技术的技能；从人文层面上来看，信息素养则反映了人们对于信息的情感、态度和价值观，它建立在技术层面的基础之上，涉及独立学习、协同工作、个人和社会责任等各个方面的内容。在信息化的时代背景下，教育技术理论与实践的学习、研究和应用，在新型合格教师的培养过程中越来越发挥着举足轻重的作用。为了加强对我国中小学教师教育技术应用能力的培养，促进信息技术在基础教育领域的有效应用，教育部于2004年12月正式颁布了《中小学教师教育技术能力标准（试行）》。该标准包括“教学人员教育技术能力标准”“管理人员教育技术能力标准”以及“技术人员教育技术能力标准”三个部分，其内容均涉及意识与态度、知识与技能、应用与创新、社会责任四个方面。在《中小学教师教育技术能力标准（试行）》中，具体规定了相关人员的教育技术能力结构要求和达到各等级的培训所需的基本内容。该标准是指导我国中小学教学与管理人员教育技术培训与考核的基本依据，其具体内容如下。

教学人员教育技术能力标准

（一）意识与态度

1. 重要性的认识

能够认识到教育技术的有效应用对于推进教育信息化、促进教育改革和实施国家课程标准的重要作用。

能够认识到教育技术能力是教师专业素质的必要组成部分。

能够认识到教育技术的有效应用对于优化教学过程、培养创新型人才的重要作用。

2. 应用意识

具有在教学中应用教育技术的意识。

具有在教学中开展信息技术与课程整合、进行教学改革研究的意识。

具有运用教育技术不断丰富学习资源的意识。

具有关注新技术发展并尝试将新技术应用于教学的意识。

3. 评价与反思

具有对教学资源的利用进行评价与反思的意识。

具有对教学过程进行评价与反思的意识。

具有对教学效果与效率进行评价与反思的意识。

4. 终身学习

具有不断学习新知识和新技术以完善自身素质结构的意识与态度。

具有利用教育技术进行终身学习以实现专业发展与个人发展的意识与态度。

（二）知识与技能

1. 基本知识

了解教育技术基本概念。

理解教育技术的主要理论基础。

掌握教育技术理论的基本内容。

了解基本的教育技术研究方法。

2. 基本技能

掌握信息检索、加工与利用的方法。

掌握常见教学媒体选择与开发的方法。

掌握教学系统设计的一般方法。

掌握教学资源管理、教学过程管理和项目管理的方法。

掌握教学媒体、教学资源、教学过程与教学效果的评价方法。

（三）应用与创新

1. 教学设计与实施

能够正确地描述教学目标、分析教学内容，并能根据学生特点和教学条件设计有效的教学活动。

积极开展信息技术与课程的整合，探索信息技术与课程整合的有效途径。

能为学生提供各种运用技术进行实践的机会，并进行有针对性的指导。

能应用技术开展对学生的评价和对教学过程的评价。

2. 教学支持与管理

能够收集、甄别、整合、应用与学科相关的教学资源以优化教学环境。

能在教学中对教学资源进行有效管理。

能在教学中对学习活动进行有效管理。

能在教学中对教学过程进行有效管理。

3. 科研与发展

能结合学科教学进行教育技术应用的研究。

能针对学科教学中教育技术应用的效果进行研究。

能充分利用信息技术学习业务知识，发展自身的业务能力。

4. 合作与交流

能利用技术与学生就学习进行交流。

能利用技术与家长就学生情况进行交流。

能利用技术与同事在教学和科研方面广泛开展合作与交流。

能利用技术与教育管理人员就教育管理工作进行沟通。

能利用技术与技术人员在教学资源的设计、选择与开发等方面进行合作与交流。

能利用技术与学科专家、教育技术专家就教育技术的应用进行交流与合作。

（四）社会责任

1. 公平利用

努力使不同性别、不同经济状况的学生在学习资源的利用上享有均等的机会。

2. 有效应用

努力使不同背景、不同性格和能力的学生均能利用学习资源得到良好发展。

3. 健康使用

促进学生正确地使用学习资源，以营造良好的学习环境。

4. 规范行为

能向学生示范并传授与技术利用有关的法律法规知识和伦理道德观念。

管理人员教育技术能力标准

（一）意识与态度

1. 重要性的认识

能够认识到教育技术的有效应用对于推进教育信息化、促进教育改革和实施国家课程标准的重要作用。

能够认识到教育技术能力是教师专业素质的必要组成部分。

能够认识到教育技术的有效应用对于优化教学过程、培养创新型人才的重要作用。

2. 应用意识

具有推动在管理中应用教育技术的意识。

具有推动在教学中开展信息技术与课程整合、促进教育教学改革研究的意识。

具有支持教师运用教育技术不断丰富学习资源的意识。

具有密切关注新技术的价值并不断挖掘其教育应用潜力的意识。

3. 评价与反思

具有促进对教学资源的利用进行评价与反思的意识。

具有促进对教学过程进行评价与反思的意识。

具有促进对教学效果与效率进行评价与反思的意识。

具有对教学管理的效果进行评价与反思的意识。

4. 终身学习

具有不断学习新知识和新技术以提高自身管理水平的意识与态度。

具有利用教育技术进行终身学习以实现管理能力与个人素质不断提高的意识与态度。

具有利用教育技术为教师创造终身学习环境的意识与态度。

（二）知识与技能

1. 基本知识

了解教育思想、观念和教育技术的发展趋势。

了解教育技术的基本概念和应用范畴。

了解教育技术的基本理论。

掌握绩效技术、知识管理和课程开发的基本知识。

2. 基本技能

掌握信息检索、加工与利用的方法。

掌握资源管理、过程管理和项目管理的方法。

掌握教学媒体、教学资源、教学过程与教学效果的评价方法。

掌握课程规划、设计、开发、实施与评价的方法。

（三）应用与创新

1. 决策与规划

制定并实施教育技术应用计划以及应用技术来促进教育教学改革的条例与法规。

能够根据地区特点和实际教育状况，宏观调配学习资源，规划和设计教育系统。

能够有效应用信息技术和统计数据辅助决策过程。

2. 组织与运用

能组织与协调各种资源，保证教育技术应用计划的贯彻和执行。

能组织与协调各种资源，促进信息化学习环境的创建。

能组织与协调各种资源，支持信息化的教学活动。

能运用技术辅助教学组织和教学实施。

3. 评估与发展

能使用多种方法对教师和管理人员的教育技术应用效果进行评价。

能运用技术辅助对管理体制和运行机制进行评价。

能采取多种措施推动技术体系的不断改进，支持技术的周期性更新。

能充分利用技术手段为教师、学生和管理者的发展提供更多机会。

能充分运用技术改善教育教学条件，并为教师提供教育技术培训的机会。

4. 合作与交流

能利用技术与教学人员就教学工作进行交流。

能利用技术与技术人员就学习支持与服务进行交流。

能利用技术与家长及学生就学生发展与成长进行交流。

能利用技术与同事就管理工作进行合作与交流。

（四）社会责任

1. 公平利用

能够在管理制度上保障所有的教师和学生均能利用学习资源得到良好发展。

2. 有效应用

能够促进学习资源的应用潜能得到最大化的发挥。

能够促进技术应用达到预期效果。

3. 安全使用

能确保技术环境的安全性。

能提高技术应用的安全性。

4. 规范行为

努力加强信息道德的宣传与教育。

努力规范技术应用的行为与言论。

具有技术环境下知识产权保护的意识，并能够以实际行动维护这种知识产权。

技术人员教育技术能力标准

（一）意识与态度

1. 重要性的认识

能够认识到教育技术的有效应用对于推进教育信息化、促进教育改革和实施国家课程标准的重要作用。

能够认识到教育技术应用能力是教师专业素质的重要组成部分。

能够认识到教育技术的有效应用对于优化教学过程、培养创新型人才的重要作用。

2. 应用意识

具有研究与推进信息技术与课程整合的意识。

具有利用技术不断优化学习资源和学习环境的意识。

具有积极辅助与支持教学人员和管理人员应用教育技术的意识。

具有不断尝试应用新技术并探索其应用潜力的意识。

3. 评价与反思

具有对技术及应用方案进行选择和评价的意识。

具有对技术开发进行评价与反思的意识。

具有对技术支持进行评价与反思的意识。

具有对教学资源管理进行评价与反思的意识。

4. 终身学习

具有积极学习新知识与新技术以提高业务水平的意识。

具有利用教育技术进行终身学习以不断提高个人素质的意识。

（二）知识与技能

1. 基本知识

了解教育思想、观念和技术的发展趋势。

了解教育技术的基本概念和应用范畴。

掌握现代教学媒体特别是计算机与网络通信的原理与应用。

2. 基本技能

掌握信息检索、加工与利用的方法。

了解教学系统设计与开发的方法。

掌握教学媒体的设计与开发的技术。

掌握教学媒体的维护与管理的方法。

掌握学习资源维护与管理的方法。

掌握对教学媒体、学习资源的评价方法。

（三）应用与创新

1. 设计与开发

参与本单位教育信息化建设方案的整体规划与设计。

能够设计与开发本单位的信息化学习环境。

能够收集、整理已有学习资源并设计与开发符合教学需要的学习资源。

2. 应用与管理

能够为教学人员的教学和科研工作提供技术支持与服务。

能够为管理人员的管理和评估工作提供技术支持与服务。

能够对学习资源与学习环境的使用进行有效的管理与维护。

3. 评估与发展

能够对学习资源和学习环境的开发与应用效果进行评估，并提出发展建议。

能够对自身的技术服务和管理工作进行评估，并反省自身的技术服务和业务水平。

能够参与本校教师教育技术应用效果的评估工作，并提出发展建议。

能够参与制定本校教师教育技术培训方案并实施。

4. 合作与交流

能利用技术与教师就教育技术在教学中的应用效果进行交流。

能利用技术与管理人员进行交流。

能利用技术与学生及家长进行交流。

能利用技术与同行及技术专家进行交流。

（四）社会责任

1. 公平利用

能够通过有效的统筹安排保障所有的教师和学生均能利用学习资源得到良好发展。

2. 有效应用

能不断加强信息资源的管理。

能不断提高教育技术应用的有效性。

3. 安全使用

努力提高技术应用环境的信息安全。

能为教师和学生提供安全、可靠的技术服务。

4. 规范行为

努力加强技术环境下信息资源的规范管理。

努力规范技术应用的行为方式。

第六章

教育新技术的应用

随着多媒体技术和计算机技术的不断发展，教育新技术也随之出现，受到各学科教师的欢迎。科学地运用教育新技术会给教学改革提供良好的契机。它把声、图、像、文、情、境与看、思、读、写等诸多手段结合起来，组成一个立体化、多方位的课堂教学形式，在激发学生兴趣、发展学生思维、培养学生能力、促进学生自主探究方面有一定的优势。

第一节 云计算技术在教育中的应用

一、云计算技术概述

云计算指通过网络动态拓展以按需、易扩展的方式获得所需资源，其核心思想是将大量用网络连接的计算机资源进行统一管理和调度，构成一个计算资源池向用户提供按需服务，提供资源的网络被称为“云”，“云”中的资源对使用者是可以无限扩展的，并且可以随时获取，按需使用，随时扩展。此外，云计算也可以理解成一种服务，这种服务可以是计算机技术和软件、互联网，根据不同的服务类型，目前云的类型可以分为三类。

（一）公共云

公共云主要提供开放的计算、存储等服务，如百度搜索和搜狐、网易等各种邮箱服务。它一般是独立功能模式的云结构模型，但提供公网的访问接口，用户可以通过网站以免费或者付费的方式随时随地进行访问，典型应用有亚马逊（Amazon）网站、美国 GoGrid 云服务等。

（二）私有云

私有云一般部署在防火墙内，为某个特定组织提供相应服务。此类型一般只对特定的局域网用户提供使用权限，例如重要的核心数据资源查询，以及适应企业部门的管理和特殊业务需求，它可以很容易地拓展成公共云。

（三）混合云

将以上两种服务方式进行结合的云类型称为“混合云”，它是公共云和私有云的结合体，公众的访问权限可以随时开启。

二、常见的云盘、网盘、云平台

（一）ownCloud 网盘

ownCloud 是一个基于 Linux 系统的开源云项目，最初由德国软件工程师弗兰克·卡利切开发，ownCloud 允许用户建立自己的个人云服务器，目前的功能包括文件分享、音乐存储、日历、联系人和书签共享等。通过 Web 浏览器或 WebDAV，ownCloud 用户可随时随地访问自己的存储文件。ownCloud 还提供一个平台，方便用户查看和同步所有设备上的联系人、日历和书签，允许用户直接在 Web 上进行基本编辑。另外，开发者还可通过开放的 API 添加功能。

（二）云盘网

云盘网是基于 Linux 内核和 SAN（Storage Area Network）存储管理，能够提升文件的上传和下载速度，具有超大的服务容量，能够完成基于数据保管箱产品的云存储服务的多平台数据存储产品。云盘网主要包括 360 云、百度云等，在教学中可利用的云盘网基本功能上传文件、下载资源、资源备份、消息管理等。云盘网加强了师生、生生之间的联系，能够有效实现资源共享，加强隐私保护；基于云盘网的辅助学习系统能够促进协作学习，培养学生的团队合作意识，能实现多媒体组合，共建完美的网络辅助教学系统。

（三）腾讯微云

微云是腾讯公司推出的一项智能云服务，用户可以通过微云方便地在手机和计算机之间同步文件、传送照片和传输数据。微云由微云网盘、微云相册、微云传输和微云剪贴板四个部分组成。微云传输可以把文件极速地传到用户附近的设备，通过微云传输，用户可以寻找在同一个 Wi-Fi 热点下的其他设备，向它们高速发送文件。本功能只在 Wi-Fi 热点下传输文件，不经云端服务器，所以速度很快。微云相册可以自动汇集在不同设备中拍摄的照片，并按照拍摄时间和来源设备进行编排整理。微云相册只通过 Wi-Fi 传输，不会产生流量。微云剪贴板是连通手机和计算机的剪贴板，通过微云剪贴板，用户可以在手机上复制，在计算机上粘贴；也可以在计算机上复制，在手机上粘贴。微云网盘是一个集合了文件同步、备份和分享功能的云存储应用，让手机和计算机自动同步文件，使手机与计算机之间实现无线连接。

（四）百会云平台

百会云平台主要是提供软件服务，即它属于云计算的 SaaS（Software-as-a-Service，软件即服务）服务层。百会云平台是由数字星空旗下全资子公司与 Zoho 运营商（全球最大的 SaaS 软件供应商）一起生产的，它拥有丰富的办公应用工具，主要针对的是企业、研究机构和个人用户，百会云平台致力于成为中国领先的在线软件平台。百会包含的产品很多，主要有：百会 CRM（百会客户关系管理）、百会办公门户、百会项目、百会创造者、百会文件、百会会议以及百会论坛等。针对教育教学来说，在这些应用中最为实用的应用组件就是百会办公门户。百会办公对于个人用户是完全免费的，办公门户中的应用也可以无须下载直接使用，这样既轻松便捷，又减轻了个人计算机的负担，并且对于使用移动设备的用户提供了操作的便利，提供了很好的运行环境。此外，百会办公还提供以下服务：邮箱和聊天管理，文字、表格处理工具和演示文档，便签，收藏夹，用户群管理等组件。通过这些应用工具，可以提高学习者的效率，并且为学习者提供相互交流的机会，便于协作学习的展开。

三、云技术在教育中的应用

（一）云技术在教育中的应用价值

1. 构建个人网络学习环境

在 Web 2.0 环境下，个人更多的是进行网络学习和非正式学习，构建个人网络学习环境就显得尤为重要。在云时代，学习者可以根据云服务的类型，自由地选择学习内容和学习方式。网络中有大量的 Web 2.0 工具，例如，可以使用 iGoogle 个性化自己的网络空间，使用 Sakai 管理网络课程等。这些 Web 2.0 工具都属于云服务的范畴，在云时代，可以轻松自如地创设人性化的网络学习环境。

2. 提高网络学习的效率

云计算以用户为中心，让数据和服务围绕着个人，通过云计算平台强大的计算能力，用户可以轻松地获取所需的数据，不必再为面对大量的数据而不知所措，快捷的数据检索技术、智能的数据处理技术、人性化的服务，将会有效地提高学生的学习效率。

3. 云计算与开源教育

云计算的发展为开源软件的推广应用提供了新的契机。云计算的SaaS、以服务为中心等理念都与开源软件提倡的软件免费、以服务的形式付费的观点不谋而合，而且开源软件的可扩展性和灵活性也完全符合云计算的发展趋势。今后，云计算平台要搭建在开源软件上，而且大部分的应用都是基于开源软件。美国Gartner公司发布的报告中就认为，削减成本的压力将推动大多数软件服务提供商以某种方式采用开源软件的创新技术。教育信息化要紧跟云时代的发展，必须大力推广开源教育，如促进开源软件在中小学中的应用，摆脱当前中小学信息技术教育的单一性，充分挖掘开源教育资源，培养创新型的人才。目前，在我国一些地方已经开始开源教育的尝试，如Ubuntu开源操作系统在中小学信息技术课中的推广，Moodle学习管理系统的应用等，对开源软件应用到教育领域是一个很好的尝试。这将是我国教育信息化的一个重大转变。

4. 云计算与教育资源

云计算除了降低成本外，还有更大的灵活性和可伸缩性，云计算提供者可以轻松地扩展虚拟环境，为用户提供更大的带宽或更多的计算资源，可以轻松地获取他人的教育资源，也可以将自己的资源与他人分享，实现教育资源的开放和共享。

5. 构建“云-地”中介，促进“人-云”交互

在云时代，教育机构如何有效地利用云计算服务于教育信息化，一个有效的方法就是构建“云-地”中介，通过中介，为各级教育管理机构提供云服务，如海盐教师博客群、教育大发现社区等就是一些初级的“云-地”中介。通过“云-地”中介，用户共同分享、共同学习，构建云时代的学习共同体，促进了“人-云”的交互。

6. 以云为平台，促进教育信息化的多元化发展

现在很多学校都在利用Google Earth社区来开展地理课的教学，这就是一个很好的利用Google云服务的例子。学校也可以租用网络空间，创设

自己的网络平台，既免去了购买大量硬件设备的支出，又消除了维护系统的烦恼，符合我国目前教育信息化的现状，也促进了教育信息化的多元发展。

（二）云技术在教育中的应用案例

1. 尼日利亚 FlexiSAF 学校管理系统

尼日利亚的开发者使用谷歌 Web 工具包，将一个桌面版本的行政管理应用程序转换成基于 Web 的版本（FlexiSAF 学校管理系统），以帮助中小学学校的管理者有效管理学校档案。这款软件正在影响着尼日利亚的多所公立和私立学校，并计划提供给其他非洲国家。

2. 诺基亚移动数学项目

这项由诺基亚免费提供的项目已经在南非 200 多所学校中实施。该项目通过云服务提供 10~12 年级的数学课，学生可以通过任何计算机或移动设备的 Web 浏览器访问课程。即使在课堂外的学生们也可以随时自测并即时接收答案反馈。

3. 澳大利亚麦考瑞港的圣科伦巴圣公会学校云平台

澳大利亚麦考瑞港的圣科伦巴圣公会学校是澳大利亚首批应用 Chromebooks（Google 推出的网络笔记本）实现云平台教学服务的案例。

4. 印尼 Binus 中心利用 Office Web Apps 同步编辑小组文档

Binus 中心位于印度尼西亚雅加达市，致力于培养学生的高水平人力资源技能。2012 年，该中心启动厂 Binus 中心教育合作伙伴计划（Binus Center Education Partnerprogram，BCEP），涵盖幼儿园、小学、初级和高级中学。教师布置学习任务后，鼓励学生以小组形式开展学习交流。学生利用 Office Web Apps 创建在线小组，共享想法和观点，共同编辑小组文档。任务的最后，每组学生将作品与其他小组进行共享。教师引导小组学生进行互评。

5. Google 协作平台

Google 协作平台是一个集 Gmail、Google 文档及 Google 日历等多个套件于一体的可供多个用户进行在线编辑和共享的平台。利用 Google Calendar 的日历功能，用户可以创建自己的日历，帮助教师做好日常课程及事务安排，也可以将自己的日历与他人共享，并且添加和查看别人的日历。Google 在线文档功能与 Microsoft Office 办公软件功能类似，但是它最大的好处是能够支持在线编辑、保存和共享。在“创建”中，可以选择文档、演示文稿、电子表格等与 Office 软件相同的功能进行编辑，虽然其功能相对于 Office 来说有些简单，但对于一般的操作者来说足够使用。除了这些，Google 还有例如“表单”等新的功能，可以将调查问卷以网页的形式进行发布。这些在线文档可以进行多人异地的协作编辑与共享，例如：课堂中教师布置了一个小组合作任务，学生可以在课堂中通过计算机进行多人合作，编辑同一个文档，课下也可以在自己家中继续讨论编辑。

第二节　移动技术在教育中的应用

一、移动技术概述

移动技术包含移动计算终端设备和移动通信技术两部分。

（一）移动终端设备

目前比较流行的移动学习终端设备主要有手机，平板电脑，PDA（个人数字助理），笔记本电脑，学习机，MP3/MP4，iPod 等。在选择移动学习所用的终端设备时，根据开展的移动学习活动的实际情况，终端所支持的网络接入方式、是否智能、屏幕大小、硬件参数等都是要考虑的重要因素。

（二）移动通信技术

移动通信技术包含无线通信和蜂窝移动通信两个系统，使用户能够获取资源和与他人进行交流。不同的应用场景所依赖的网络环境与应用部署方式都是不同的。其中，无线通信系统可以划分为 WPAN（Wireless Personal Area Network，无线个人局域网，如蓝牙、红外线及电子标签等）、WLAN（Wireless Local Area Network，无线局域网，如 Wi-Fi）、WMAN（Wireless Metropolitan Area Network，无线城域网）三类网络；蜂窝移动通信系统发展非常迅速，从早期的第一代技术（1G）发展到 4G 技术也不过十几年时间，移动通信发展的新一代移动通信系统——5G，即指第五代移动通信系统。

二、移动技术支持下的移动学习

（一）移动学习的定义和内涵

移动学习作为一种全新的、可以广泛使用的学习方式，目前还没有一个明确的定义，这是因为移动学习涉及诸多要素，国内外专家学者都从不同的角度理解和诠释移动学习。总的来看，对移动学习的定义可以分别从强调技术的角度和强调学习方式的角度来进行。

1. 以技术角度出发的定义

这种观点是目前大部分研究文献中支持的，大多数研究者认为移动学习的基本特征是移动性，是移动技术与学习相结合的产物。在这一观点下，移动学习被看作使用 PDA、笔记本电脑、Tablet PC、移动电话、iPod 等移动设备进行的学习。这些设备能够与无线技术相结合来传递与呈现学习内容，并使学习者实现与他人的交互。

（1）欧洲 Learning to Go 项目对移动学习给出的定义为：移动学习是用来定义这样的学习类型，这些学习活动发生在学习者所携带的某种移动手持设备上，如 PDA、Smartphone、Tablet PC、Games Console 或其他可携带设备，并能够使用这种设备（包括它的连通能力、工具和内容）使得学习活动能够发生在学习者选择的时间和地点上。

（2）北京大学现代教育技术中心移动学习实验室崔光佐教授给出的定义是：移动学习是指依托目前比较成熟的无线移动网络、国际互联网以及多媒体技术，学生和教师通过使用移动设备（如手机）来更为方便灵活地实现交互式教学活动。①

2. 以学习方式角度出发的定义

在其他的研究中，研究者发现移动学习不应该仅仅停留在设备层面，而更应该讨论移动学习能够给学习者带来学习方式上的变革。由此产生了一些无关设备和技术的，强调随时随地学习方式的这样一类定义。

（1）芬兰的“Telenor WAP 移动学习”研究项目给出的移动学习定义是：由于人们地理空间流动性和弹性学习需求的增加而使用移动终端设备进行学习的一种新型学习方式。

（2）雷根斯堡大学的 Franz Lehner 和 Holger Nosekahel 认为：任何为学习者提供广泛的数字化信息和学习内容，有助于学习者在任何时间、任何地点获取知识的服务结构和部门都属于移动学习范畴。

（3）北京师范大学黄荣怀及其研究小组认为：移动学习是当学习者不在固定的、预先设定的位置时发生的任何类型的学习，或者是学习者利用移动技术提供的优势所带来的学习。

（二）移动学习的实施方式

1. 基于短信息的移动学习

基于短信息的移动学习是移动学习中最简单、快捷的一种学习方式，通过短信息，不仅用户之间，而且用户与互联网服务器之间都可实现有限字符的传送。用户通过手机、PDA 等无线设备，将短信息发送到教学服务器（位于互联网中），教学服务器分析用户的短信息后将其转化成数据请求，并进行数据分析、处理，再发送至用户手机。短信息方式的简单便捷使教师能够时刻“提醒”学生投入学习中，将学生课外的零散

---

① 赵蔚，刘红霞．现代教育技术［M］．长春：东北师范大学出版社，2017.

时间整合起来，并通过短信息的互动增加交流，方便教师及学生及时掌握学习情况。

2. 基于在线信息浏览方式的移动学习

这种方式类似于基于资源的学习方式，学习者可以通过手机、PDA、笔记本电脑、平板电脑等具有网络接入功能的移动终端访问互联网资源，进行课外的自主学习。利用资源浏览的方式不仅可以丰富学习者的文化知识，还可以使其利用网络上丰富的学习资源进行课外自主学习，来弥补课堂教学的不足。这种方式根据移动终端的种类不同，可分为基于 WAP 浏览的移动学习和基于无线局域网的移动学习。

（1）基于 WAP 浏览的移动学习。此种方式是利用手机或 PDA 等移动终端进行的互联网资源的浏览和获取，这些移动设备接收的信息是基于 WML（Wireless Make up Language，无线标记语言）的，而一般 Web 服务器上的页面文件是以 HTML（Hypertext Make up Language，超文本标记语言）的格式存放的。因此，通过移动设备在线浏览互联网信息时就要将 HTML 文件转换成 WML 文件，通过 WAP 协议来实现。

基于在线信息浏览方式的移动学习使学习者实现了随时随地根据自己的需求进行学习，并且学习者可以利用零碎时间学习，可以有效地提高学习效率。该学习方式的缺点是目前信息通道依然狭窄，不能保证较大量的数据没有延时地传输，而且移动设备的屏幕比较小，学习者在浏览资源时会很不方便，图片等多媒体信息有些情况下也无法显示，而有些信息对于学习理解知识往往是必不可少的，从而不利于学习者对知识的掌握。不过，随着 4G 和 5G 技术的逐步应用，带宽的问题有望得到改善。

（2）基于无线网络接入的在线移动语言学习。如果学习者的移动终端是笔记本电脑、平板电脑等设备，那么可以利用无线局域网接入技术实现与互联网的连接，这也是一种 C/S 模式的移动学习。利用此种方式学习者可以通过无线网络和 HTTP（Hypertext Transfer Protocol，超文本传输协议）访问互联网和校园网中的教学服务器（包括 Web 服务器、E-mail 服务器、

BBS 服务器、VOD 视频点播服务器以及 QQ 等实时交流平台等），从而获得丰富的教学资源，并实现与教师或同学间实时或非实时的互动与交流。这种教学模式不仅支持文本、图片，还支持动态的图像、视频及音频等多媒体教学信息。

3. 基于便携式多媒体播放器的移动学习

学习者利用移动终端设备（如 MP3/MP4 播放机、智能手机），通过播放音频和视频教学信息来进行学习的方式。这种方式具有学习成本低、学习时间灵活、学习地点开放、学习资源丰富、适用人群广泛等优点。在目前移动通信网络尚未发展完善、网络连接不稳定、网络带宽窄以及某些环境信号差的情况下，比较适合采用这种方式的移动学习，学习者可以在脱机环境下学习，有效地避免了因网络故障而造成的学习中断以及网速过慢对学习者产生的负面影响。

4. 基于学习机的移动学习

学习机作为便携式阅读器，具有支持文本显示、声音（动画）播放、课堂录音、习题解答与反馈、辞典、益智游戏等功能。学习机可以通过联网计算机，下载资源网站上提供的学习资源、同步教材、各地名师的教学课件等大量丰富的资源。除此之外，一些学习机如诺亚舟英语学习机还具有很多技术优势，具有学情通报系统、学习轨迹记录和智能分析系统、可视化设计工具、多媒体特效邮件工具等，不但可以成为学生开展自主学习、协作学习、探究性或研究性学习的好帮手，还可在辅助教师教学、进行发展性评价等方面发挥作用。

三、移动技术支持下的教学应用案例

本案例将数字化学习资源以二维码的形式嵌入传统纸质教学材料中，在无线网络技术的覆盖下，利用移动设备，创设一个增强型的课堂学习环境。针对我国课堂教学活动中存在的生生交往严重缺失这一问题，在教学活动中，以支架式教学理念为指导，采用自主协作学习的方式，实现生生之间的有效交往，提高学生沟通交流的能力，加强创新思维的培养。

（一）研究对象及实验课程的选定

在本研究中，选取东北师范大学计算机科学与信息技术学院教育技术学本科39名免费师范生作为研究对象。在其所学的课程中，选择“教育技术学导论”中“教学系统设计理论与应用研究”一节为实验的教学内容。在实验过程中，选取学习者都较为熟悉的《义务教育课程标准实验教科书·数学》七年级下册第一节“二元一次方程”为案例背景进行探究。

“教育技术学导论”这门课程是教育技术学专业本科生最核心的基础性必修课程之一，同时“教学系统设计理论与应用研究”部分的教学内容更易体现学习者的主体作用。免费师范生可以从未来教学者的心态出发，结合自身已有的学习经验及先前的知识进行“二元一次方程”课程内容的教学设计。

（二）教室布局

已有研究表明，座位的编排形式需要根据具体的教学目标而定，座位要与教学活动的性质和需要相适应。在教学活动中，教师可以根据教学任务、教学情境等因素变换使用多种座位编排方式，采用“马蹄形”“圆桌形”“半圆形”等座位编排方式有利于生生之间、师生之间进行平等和谐的交往。

在本实验过程中，打破了传统的课堂座位编排方式，从教室布局出发，改变学习形态。在空间上，为学习者营造一个协商、对话、讨论、活动的交往氛围，方便学习者进行面对面的言语、表情和动作交流。

（三）实验设备

本实验中采用的移动设备为智能手机，需要内置500万像素自动对焦摄像头，具备Android 2.3及以上的操作系统，并在手机中安装二维码的识别软件及网络浏览器。本实验中使用一台运行Windows Server 2003操作系统的服务器与 Internet 连接。为了使学生在课堂环境中快速流畅地访问数字化教学资源，在教室内放置一台创建了 Wi-Fi 热点的笔记本电脑，这样学习者可以通过 WLAN 接入该笔记本共享的互联网连接。通过这样的方式，极大提高了学习者使用移动设备的访问速度。

（四）分组策略

在课堂协作学习和网络协作学习的过程中，学习小组的划分方式对于活动的开展具有重要作用。目前，按照学习者的能力或特征等因素进行同质分组和异质分组的方法在课堂教学中有较为广泛的运用。同质分组有利于层次性教学的开展。同组异质、组间同质的分组方法有利于在各学习小组之间开展各种竞赛活动，提高学习者的主动性和积极性。

在本实验中，为了缩小各小组之间的差距，充分调动学习者主动参与的意识，根据学习者表现出的课堂交往的程度与意向特征，保证每组至少有 2 名交往意愿高的成员，由 1 名综合能力较强的成员担任组长。兼顾性别因素，组间男女比例相当。采用异质分组的方式将班级 39 人分成 7 个学习小组。

（五）任务设计

在设计小组课堂协作学习任务时，需要确保学习任务对于参与活动的每名小组成员都有价值。也就是说，在充分了解学生学情的基础上，考虑学生的认知特点，将开放性、层次性及挑战性相结合。开放性任务可以促使学习者从不同角度和途径去思考，层次性任务可以兼顾不同学习者的认知水平，挑战性任务可以激发学习者的学习动机。

在本实验中，要求每个学习小组在 45 min 内完成教学设计方案部分内容的制定。具体任务如下：

（1）完成教学设计方案中“教学策略选择与设计”一项内容。

（2）完成教学设计方案中“创设情境，引入新课”环节的设计。

（3）完成教学设计方案中“教学过程”其他环节的设计。

（4）完成教学设计方案中“教学评价设计”一项内容。

其中任务（4）为挑战性任务，每个小组可以根据时间情况自由选做，希望能够最大限度地激发学习者的学习动机。

（六）教学资源设计

在课堂协作学习的过程中，教师需要为学习者设计并提供一系列教学资源，以提高协作学习的效率。在本实验教学资源的设计过程中，主要从内容的适应性与设备的适应性两个角度对传统教学材料进行了改进。

1. 内容的适应性

在传统教室环境中进行协作学习，由于受到物理环境等条件的限制，纸质教材以普遍性、便捷性等优势一直是教师的首选。但是，传统纸质教材的封闭性、层次性较为欠缺，从内容上无法兼顾每个学习者，满足其个性化的学习需求。

将辅助性的数字化教学资源以二维码的形式嵌入纸质教材中，既可以打破传统教材的封闭性，使其与数字资源无缝衔接，又可以考虑为不同学业水平的学生提供不同的学习支架，方便其在协作过程中自主进行选择。

2. 设备的适应性

在系统设计过程中，使用 HTMLS 标记语言编写该教学资源系统的用户界面层，该系统发布在 Web 服务器上，资源可以被不同屏幕大小的移动终端访问。为使一套页面可以在不同屏幕分辨率的移动设备上显示不同的效果，设计了两种布局方式，并通过 Media Queries 样式模块与不同设备、不同分辨率之间的样式结构进行适配。这样只需要实现一套页面，就能够在所有移动设备的浏览器上显示不同的效果。

在本实验的教学资源部分，为每个小组的学习者提供了四份纸质材料，并建设有相应的数字教学资源库。纸质教学材料主要包括：

（1）任务列表一份。

（2）《义务教育课程标准实验教科书·数学》七年级下册第一节“二

元一次方程”教材材料一份。

（3）待完成的“二元一次方程”教学设计方案一份。

（4）辅助性教学资料一份。

在辅助性教学资料中，教师已经将范例式支架、注释性支架等数字资源以二维码的形式无缝嵌入，提供给学习者。

（七）学习活动设计

本次实验在活动设计过程中主要遵循支架式教学的基本模式。

第一阶段：根据学生的学习能力，搭建脚手架，围绕“教学系统设计理论与应用研究”的主题，结合“二元一次方程”内容的案例背景，建立概念框架，分解学习任务，通过创设问题情境和任务情境吸引学生，巧妙地向学生提供探究的背景信息。

第二阶段：不同学业水平和认知风格的学习者需要不同类型的学习支架。教师需要为学习者提供多元化的教学支架，不仅包含教师支架、同伴支架等形式的人力资源，也包含教学资源支架、任务支架、情境支架等多种形式。学生在支架的辅助下，进行小组协商、讨论。

第三阶段：当学习者具备一定的能力，能够承担更多的责任时，支架就要逐渐移走，给学生更多的意义建构空间。学习者在共享集体智慧成果的基础上，达到对当前所学知识的深入理解，即最终完成对知识的意义建构。

（八）学习成果评价设计

学习成果的评价在教学过程中具有十分重要的导向作用。在协作学习过程中，教师可以组织学生成立专家组对小组作品进行评价，也可以组织学生对自己和其他小组成员在协作过程中的表现进行评价。教师还可以通过电子学档的方式为每名学生建立学习过程的记录。

在本次实验中，协作学习效果的评价主要采用小组自评和组间互评的方式进行。在组间互评的过程中，首先要求每名小组对各自的成果进行展示，在展示过程中或者展示结束后，其他小组成员可以随时根据内容进行提问，并要求展示组成员给予解答。根据展示与解答的情况，其他小组对展示组的成果进行评价。通过这一过程，每个小组成员可以进一步深化对学习内容的认识和理解。

第三节　社交网络在教育中的应用

一、社交网络的定义

社交网络即社交网络服务，是一个人与人之间的网络，通过网络这一载体把人们连接起来，从而形成具有某一特点的团体。它是新一代互联网模式的统称，是一个“可读、可写、社会化”的互联网，一个以用户为核心的开放性互联网。其精髓是开放、分享、参与和创造，核心就是让用户参与内容创造，从而更好地变革互联网的内容组织和信息传播，创造关联性和社会性。

二、社交网络的常见软件及特点

（一）博客

博客（Blog）是已在教育领域得到广泛应用的网络日志，写 Blog 的人称为博主，Blog 既注重个人思想表达，也注重交流。人们使用 Blog 的过程主要有“写一录，思一享，品一学”几个层次，“写”就是博客写下自己的心之所想，“录”意指在 Blog 中可以引用他人的资料与观点，“思”意指思考与反思，“享”意指 Blog 之间的共享与交流，“品”意指品味他人 Blog 中蕴含的思想并进行比较，“学”即通过自身与他人的 Blog 学习。

Blog已经将互联网从信息共享提高到资源共享、思想共享和生命历程层次的共享。

（二）微博

微博（Micro Blog）是一个基于用户关系的信息分享、传播以及获取的平台。用户可以通过WEB、WAP等各种客户端组建个人社区，以140字（包括标点符号）的文字更新信息，并实现即时分享。微博允许用户发布简短的文本信息或者其他形式的微媒体，如图片、音频片段。微博客更能表达每时每刻的思想和最新动态，而博客则更偏重于梳理自己在一段时间内的所见、所闻、所感。

（三）微信

微信（WeChat）是腾讯公司于2011年推出的一个为智能终端提供即时通信服务的免费应用程序，微信支持跨通信运营商、跨操作系统平台通过网络快速发送免费（需消耗少量网络流量）语音短信、视频、图片和文字，同时，可以使用通过共享流媒体内容的资料和基于位置的社交服务插件“朋友圈”“公众平台”等。

（四）维基

维基（Wiki）是一种多人协作写作系统，它支持面向群体的协作式写作，同时包括一组支持这种写作的辅助工具。支持Wiki技术的网站是一种基于共同创作的网站，每个人都可以在Wiki网站上对Wiki文本进行浏览、创建、更改，发表自己的意见或者对共同的主题进行扩展与探讨。Wiki站点一般都有着一个严格的、确定的共同关注主题，因此其内容具有高度相关性。

（五）简易信息聚合

简易信息聚合（RSS，Really Simple Syndication）是站点之间共享内容及把站点内容发送给订阅用户的一种方式，可以使用户不必访问网站，只通过RSS的聚合工具软件（如周博通，Sharp Reader，Newz Crawler，Feed Demon）就能阅读支持RSS输出的网站内容。

（六）标签

标签（Tag）是一种更为灵活、有趣的 Blog 分类与共享方式，博客可以为每篇 Blog 添加一个或多个标签，其他用户通过标签收集网站，就可以看到使用相同标签的 Blog，由此延伸到用户之间的联系和沟通，据此找到志趣相投的学习伙伴。例如，你对教育技术中的“虚拟微观世界”感兴趣，经常写这方面的 Blog，就可以在 Blog 中加上“教育技术”“虚拟微观世界”等标签。当浏览者在标签收集网站点击“教育技术”“虚拟微观世界”等标签时，都可以看到你的日志。同时，你可以据此找到对“虚拟微观世界”进行研究与关注的同行。

（七）SNS

SNS（Social Networking Service，社会化网络软件）是 Web 2.0 体系下的一个技术应用架构，SNS 基于六度分隔理论运作。Linkedin，Friendster 以及国内的人人网、Heiyou 都是典型的 SNS 网站。

（八）网络书签（社会性书签）

网络书签是一种根据个人的需求和兴趣，在线存储网络资源，并对其进行分类和共享的社会性软件。随着互联网技术的发展，涌现了一批网络书签软件。运用网络书签，用户可以储存需要的网页，并可以加上特定的标签和描述，一段时间后用户就创建了一个带有标签的资源库。用户可以通过标签搜寻自己想要的资源，其他用户认为这些资源有价值才收藏，而且这些资源都以标签加以分类，所以在这里搜索资源比搜索引擎还有效。用户可将与自己兴趣相同的用户加人自己的圈里以方便地查看他的更新，而 RSS 技术使用户更方便地跟踪其他用户或某个标签的更新。

三、社交网络在教学中的应用

（一）微博在“网页设计与制作”课程教学中的应用

本案例根据教学要求以及微博的各种优势，依据协作学习理论、信息加工理论等教学思想，设计了一个基于问题情境的微博教学平台的教学模式。

1. 问题情境模块

该模块的主要功能是为学生提供一个与真实世界相类似的问题情境，向学生展示一个真实的、开放的问题。在“网页设计与制作”课程教学中，可以利用多媒体技术，在课堂上或者微博上，教师设计一个与真实世界相类似的问题情境，可以是文字、视频或动画的形式，问题的呈现方式可以是设计案例等形式，以便给学生提供一个好的学习环境。使用 Flash 制作网页动画的时候，为了展开问题情境，可以在课堂或者微博上，首先播放一段有趣的 Flash 动画来吸引学生的注意力，引起学生的好奇心和兴趣，将学习者逐步引入问题当中。例如，在微博上，发布一个“小破孩之愚人节”的 Flash 动画，学生看到后，就会自觉地被带到这种氛围中，进行讨论。

教师这时再给学生讲解一些 Flash 的基础知识。例如，在讲使用 Flash 制作动画及图形对象时，需要创建许多动画角色和图像，此时向学生讲解如何使用工具箱中的工具进行绘制并编辑，如何直接导入外部图像对象等，同时向学生讲解如何创建、编辑元件与实体，滤镜以及混合模式的应用，特殊图层的创建等知识点，为创建动感丰富的动画效果奠定基础。教师在讲完这些基础知识后，便趁机发起这个章节的一个群任务，用 Flash 制作贺卡，学生这时就会明确自己要面临的一个学习任务——设计电子贺卡。

2. 分析问题模块

分析问题模块主要是指学生思考分析教师提出的学习问题或问题情境，在此基础上找到解决问题的方法与实质。此模块为学生提供了一个渠道，学生既能使用微群进行交流，提出一些问题解决的想法，制定学习计划，并形成问题解决的方案等，还可以自由分组，把每个小组解决问题的过程进行翔实的记录和描述。

在初步了解要解决的问题后，就要对面临的问题——制作电子贺卡，进行仔细分析。在本章中，教师在课堂上详细介绍了各种图标的功能和使用方法，以及要使用 Flash 制作贺卡，首先分析需要用到哪些图标。贺卡制作的要点主要有位换、抠图，影片剪辑的使用、元件的嵌套，文本影片剪辑的滤镜，元件的色调调整，等等。教师将这些要点发到微博上，便于学生制作时随时查看。

3. 解决问题模块

该模块的功能是，学习者通过对收集到的信息进行归类、整理和分析，找到解决问题的方法。为了充分尊重学生，理解学生，给学生更广泛的思维空间，教师没有规定贺卡的具体内容，学生可以根据自己的喜好制作圣诞节贺卡、端午节贺卡、生日贺卡等。由于问题是开放式的，所以解决问题的方案有很多，学生可以收集相关的实例和知识开始动手制作贺卡。如果学生在制作过程中遇到困难，也可以随时在微博上求助于教师或学生；而教师要做到经常在线，多关注、浏览学生发布的信息，及时解决学生的问题，如学生对文档属性的尺寸设置有些困惑，教师要及时给予解答。

4. 问题评价模块

学生的作品完成后，上传到微群的群共享里面，教师根据学生的作品和微博上的互动情况，给予每个学生形成性评价，学生们分别下载大家的作品，相互学习，相互交流，在评价的过程中，也间接促进了学生知识水平和学习能力的提高。

（二）微信在翻转课堂中的应用

以微信为平台的翻转课堂改变了学习的方法，也增强了对学生多种能力的培养，如合作精神、动手能力、独立自主探究精神、表达能力、发现问题的能力等。

首先，增强了学生学习的自主性。视频学习具有可随时开展、可随时暂停、可反复播放等便利性，使得学生能根据自身情况自由安排学习时间并自如控制自己的学习方式，学生在看教师的视频讲解时可自由掌握看视频的节奏，懂了的可快进跳过，没懂的可倒退反复观看，也可停下来仔细思考或做笔记，还可以通过聊天软件向教师和同伴寻求帮助，直到理解为止。

其次，增强了学习的互动性。微信翻转课堂全面提升了课堂的互动，教师的角色从内容的呈现者转变为学习的指导者，原来课堂的时间被释放，教师有更多的时间与学生交谈，回答学生的问题，参与到学习小组中，对学生进行个别指导，学生之间的互动也比以前更多了，学生们互相帮助学习，发展学习小组，不再依靠教师作为唯一的知识传播者，无形中，翻转课堂形成了一种学习文化，学生们不再将学习当作任务，而是一项互相帮助的有意义的活动。

再次，增强了学习的个性化。传统教学的统一课堂模式中，每名学生的学习能力和兴趣都不同，因此无法真正实现分层教学；翻转课堂承认了学生的不同，每名学生可以按自己的速度来学习，学习速度快的学生可以掌握更难的课程内容，速度慢的学生则可以反复学习，并寻求教师的帮助，从而真正实现分层教学。

最后，增强了教师和家长以及学生的交流。微信平台的使用贯穿整个翻转教学，并且是三方甚至多方参与的，教师通过翻转课堂实践平台，可以同步了解学生的学习情况，检查并分析学生的作业完成情况，同时可以对学生在学习过程中提出的问题进行及时反馈，家长在学生学习时可伴学，也可以了解学生的学习情况、作业完成情况及结果反馈，学生与教师或者学生与学生之间能够加强交流，教师和家长之间也可以互相了解，互相帮助和支持，共同促进学生学习活动的有效开展。

第四节 流媒体技术在教育中的应用

一、流媒体技术

流媒体技术就是把连续的影像和声音信息经过压缩处理后放到网站服务器上，由视频服务器向用户计算机顺序或实时地传送各个压缩包，让用户一边下载一边观看、收听，而不需要等到整个压缩文件下载到自己的计算机上之后才可以观看的网络传输技术。流媒体技术先在使用者端的计算机上创建一个缓冲区，在播放前预先下载一段数据作为缓冲，在网络实际连线速度小于播放所耗的速度时，播放程序就会取用一小段缓冲区内的数据，这样可以避免播放的中断，也使得播放品质得到保证。

二、流媒体技术的特点

流媒体技术相比较于传统技术具有以下特点。

节约空间。流媒体技术采用了流式传输方式，边下载边播放，占用空间小。

节省时间。运用流媒体技术，只需短短的几秒钟缓冲时间，人们就可以看到有关内容，根据自己的喜好随时更换内容，节省了时间。

实况转播。流媒体技术采用高效的压缩算法，使实时采集来的信号迅速转换成很小的数据，通过网络快速传送到用户终端设备上，是实现诸如新闻和体育事件等在网上实时传播的唯一途径。

随机访问和互动操作。流媒体技术提供了灵活的控制方式，使用户仿佛置身于家庭影院中，自由地掌控播放进度并进行停止、快进、倒退、暂停等多种操作。用户可以在网络浩瀚的多媒体世界中，快速检索和浏览信息，极大地满足用户的个性化需求。流媒体技术还可以传送互动媒体内容，如互动视频、网络游戏、智力测验、三维动画等，调动用户参与的积极性，使网络更具吸引力。

三、流媒体技术在网络视频教学中的应用

（一）流媒体系统的组成

流媒体系统包括以下 5 个方面的内容。

1. 编码工具。用于创建、捕捉和编辑多媒体数据形成流媒体格式。
2. 流媒体数据。
3. 服务器。存放和控制流媒体的数据。
4. 网络。适合多媒体传输协议甚至是实时传输协议的网络。
5. 播放器。供客户端浏览流媒体文件。

这 5 个部分有些是网站需要的，有些是客户端需要的，而且不同的流媒体标准和不同公司的解决方案会在某些方面有所不同。无论是哪一种系统，他们的基本原理都是一样的：将拍摄的视频经过压缩编码后生成流媒体文件，然后通过架设的流媒体服务器，利用各种实时协议传输流数据到客户端，用媒体播放器播放。

（二）流媒体技术在教学中的作用

1. 网上教学与培训

利用流媒体技术制作网页型的教学课件，能做到教师讲解的视频图像、音频信号和讲义内容同屏显示，而校园网的带宽可保证音频、视频内容平滑流畅，学生上网即可学习课程。使用流媒体技术制作的动画或演示文稿可以直接插入网页中，学生可以使用网页型的在线帮助获得操作演示。在技能培训方面，许多基本的培训项目可以使用文字、图像、声音和视频来制作多媒体演示，使教学过程生动形象。

2. 教学视频直播与点播

数字化音频、视频教学资源的直播与点播是网络教学的一项重要应用。学习者在使用时可方便地进行播放、停止、暂停、快速移动、切换左右声道、全屏幕等操作。

3. 视频会议

视频会议是指利用流媒体技术，通过通信设备和网络，实现位于两个或多个地点的人们进行面对面交谈的会议。根据参会地点数目的不同，视频会议可分为点对点会议和多点会议。日常生活中的个人，对谈话内容安全性、会议质量、会议规模没有要求，可以采用如腾讯 QQ 等视频软件来进行交流。使用视频会议系统，参会者可以听到其他会场的声音，看到其他会场现场参会人的形象、动作和表情，还可以发送电子演示内容，实现资源的共享与交流，使与会者有身临其境的感觉。

第五节 虚拟现实技术在教育中的应用

一、虚拟现实概述

虚拟现实是 20 世纪末发展起来的一门涉及众多学科的高新技术。它集计算机技术、传感技术、仿真技术、微电子技术为一体，通过计算机创建一种虚拟环境，通过视觉、听觉、触觉、嗅觉等作用，使用户产生和现实中一样的感觉。具体地说，是以计算机技术为核心的现代高科技生成逼真的视、听、触觉一体化的特定范围的虚拟环境。用户借助必要的设备以自然的方式与虚拟环境中的对象进行交互作用、相互影响，从而产生如同真实环境的感受和体验。尽管该环境并不真实存在，但它作为一个逼真的三维环境，仿佛就在我们周围。这样用户就会产生身临其境的感觉，并可实现用户与该环境的直接交互。虚拟现实技术具有以下 4 个重要特征。

（一）多感知性

所谓多感知，就是说除了一般计算机技术所具有的视觉感知之外，还有听觉感知、力觉感知、触觉感知、运动感知，甚至应该包括味觉感知、嗅觉感知等。

（二）存在性

存在性又称临场感或存在感，指用户感到作为主角存在于模拟环境中的真实程度。理想的模拟环境应该使用户难以分辨真假，使用户全身心地投入计算机创建的三维虚拟环境中，该环境中的一切看上去是真的，听上去是真的，动起来是真的，甚至闻起来、尝起来等一切感觉都是真的，如同在现实世界中的感觉一样。

（三）交互性

交互性指用户对模拟环境内物体的可操作程度和从环境得到反馈的自然程度（包括实时性）。例如，用户可以用手去直接抓取模拟环境中虚拟的物体，这时手有握着东西的感觉，并可以感觉物体的重童，视野中被抓的物体也能立刻随着手的移动而移动。

（四）自主性

自主性强调虚拟现实技术应具有广阔的可想象空间，可拓宽人类认知范围，不仅可再现真实存在的环境，也可以随意构想客观不存在的甚至是不可能发生的环境。也就是说，虚拟现实可以启发人的创造性思维。

二、虚拟现实系统的类型

（一）桌面虚拟现实系统

桌面虚拟现实系统是一套基于普通 PC 平台的小型虚拟现实系统。利用中低端图形工作站及立体显示器，产生虚拟场景，参与者使用力反馈器、三维鼠标或其他手控输入设备与环境进行交互。

在桌面虚拟现实系统中，计算机的屏幕是参观者观察虚拟境界的一个窗口，在一些专业软件的帮助下，参与者可以在仿真过程中设计各种环境。立体显示器用来观看虚拟三维场景的立体效果，它所带来的立体视觉能使参与者产生一定程度的投入感。交互设备用来驾驭虚拟境界。有时，为了增强桌面虚拟现实系统的投入效果，如果需要，在桌面虚拟现实系统中，还会借助于专业单通道立体投影显示系统，达到增大屏幕范围的目的。

（二）临境虚拟现实系统

利用头盔显示器或投影把用户的视觉、听觉和其他感觉封闭起来，产生一种身在虚拟环境中的错觉。利用位置跟踪器、数据手套进行交互。该系统的主要特点为：

1. 虚拟环境可以是任意虚构的、实际上不存在的世界。

2. 任何操作不对外界产生直接作用。

3. 一般用于娱乐或验证某一猜想假设、训练、模拟、预演、检验、体验等。

（三）分布式虚拟现实系统

分布式虚拟现实系统是一个基于网络的可供异地多用户同时参与的分布式虚拟环境。分布式虚拟现实系统在远程教育、工程技术、建筑、电子商务、交互式娱乐、远程医疗、大规模军事训练等领域都有着极其广泛的应用前景。利用它可以创建多媒体通信、设计协作系统、实境式电子商务、网络游戏、虚拟社区等全新的应用系统。

在这个环境中，位于不同物理环境位置的多个用户或多个虚拟环境通过网络相连接，或者多个用户同时参加一个虚拟现实环境，通过计算机与其他用户进行交互，并共享信息。在分布式虚拟现实系统中，多个用户可通过网络对同一虚拟世界进行观察和操作，以达到协同工作的目的。

分布式虚拟现实系统的特征有：

1. 共享的虚拟工作空间。

2. 伪实体的行为真实感。

3. 支持实时交互，共享时钟。

4. 多个用户以多种方式相互通信。

5. 资源信息共享以及允许用户自然操作环境中的对象。

（四）增强现实虚拟现实系统

又称混合现实系统，把真实环境和虚拟环境结合起来的一种系统，将计算机虚拟图像或文字叠加在现实世界之上，为用户提供与他见到的真实环境有关的、存储在计算机中的信息，从而增强用户对真实环境的感受。

增强现实技术的教育应用逐渐从课堂内走向课堂外，实现真实环境中的有效学习，主要有以下三种类型。

1. 通过角色扮演学习物理

美国加州大学洛杉矶分校（UCLA）Noel Enyedy 等人通过 LPP 探究如何通过增强现实技术支持的学习活动促进小学一、二年级的学生对于牛顿力学和物体运动的理解。低年级学生学习物理的一种较好的方法是科学建模。研究表明，学生根据真实世界创作和评价物理模型能够促进他们对科学知识的有效学习。Noel Enyedy 在 UCLA 的实验学校各选取了一年级和二年级的一个班级参与实证研究，利用增强现实技术创设真实的学习环境，学生通过扮演不同的角色发现真实生活中的现象，并建构自己的物理学知识。其增强现实学习环境是：在摩擦力的学习中，学生需要了解不同材质物体在不同材质的地面上的运动情况，教师通过增强现实技术在教室中创设不同材质的平面（如草地、木地板、冰面），学生则扮演不同材质的物体（如足球、排球、滑板）。在传统信息技术支持的课堂教学中，这些只能通过模拟实验进行，而在增强现实技术支持的课堂教学中，教室地面使用不同的标记，可以在投影中呈现不同材质的地面，学生戴着具有不同标记的帽子，可以在投影中呈现不同材质的物体，学生走过地面时，需要根据相应情境做不同的减速动作。而后，学生对学习活动中发现的问题进行探讨，教师引导他们发现其中的物理学规律，帮助学生建构相应的物理学知识。研究利用 FCI 测量学生对于物理原理的掌握程度，利用访谈等质性研究方法研究学生建构知识的过程，并进行了个案研究，提出了利用增强现实技术进行科学教学的一些原则。

2. 手持增强现实项目

手持增强现实项目是由美国教育部星级学校项目资助，来自哈佛大学教育学院、威斯康星大学麦迪逊分校和麻省理工学院教师教育项目的研究者共同研究的旨在利用增强现实技术促进中学数学和科学素养教学的项目。他们设计开发了“联系外星人（Alien Contact）”的课程，并在美国东北部的两所初中和一所高中进行了实证研究。Alien Contact 根据马萨诸塞州综合评价系统（Massachusetts Comprehensive Assessment System，MCAS）设计，培养中学生的高阶思维技能。研究者通过观察、访谈等质性研究方法，研究学生如何通过 AR 程序建构自己的知识。在 Alien Contact 中，每个小组中有四个角色：化学家、密码学家、黑客和 FBI 探员，每个角色在任务中获得的信息是不同的，这要求学生必须在小组中分享自己的信息，共同完成需要解决的问题，并综合各种信息，发现下一任务的线索。例如，学生需要根据外星飞船的残骸推算飞船的体积，而每个角色获取的只是残骸的一部分信息，学生只有进行小组协作共享信息并根据相应的科学知识共同解决问题，才能进入下一步任务。研究者还对 Alien Contact 中存在的问题进行了分析，提出了一些改进策略。

三、虚拟现实系统在教育中的应用

虚拟现实技术在教育领域具有广泛的作用和影响。利用虚拟现实技术可以创建沉浸式网络学习环境，学习者通过在具有真实情境感的学习环境中的学习，获得视觉、听觉、触觉等多方面的感知，并可与虚拟学习环境中的各部分接触、交互，充分参与到情境中。通过这种亲身经历能加速传授知识的过程和巩固所传授的知识。

（一）虚拟仿真校园

众所周知，学习氛围、校园文化对人们的教育具有巨大影响和作用。教师、同学、教室、课堂、实验楼等，校园的一草一木、每一次活动无不潜移默化地影响着每一个人，伴随着人们成长。学生从校园中得到的教益从某种程度来说，远远超出书本所给予的。网络教育、虚拟现实技术的特点决定了人们可以仿真校园环境。虚拟校园是虚拟现实技术与网络及教育最早的具体应用。

天津大学于1996年在SGI硬件平台上，基于VRML国际标准最早开发了虚拟校园，让没有去过天津大学的人，领略了一下这所近代史上久负盛名的大学。随着网络时代的来临，网络教育迅猛发展，尤其是宽带技术大规模应用的今天，国内一些高校已经开始逐步推广、使用虚拟校园模式，先后有浙江大学、上海交通大学、北京大学、西南交通大学等著名高校采用虚拟现实技术建设了虚拟校园。

（二）虚拟教学

虚拟现实技术为学习者提供了丰富的学习资源以及选择学习材料和学习方式的机会。利用虚拟现实技术可让学生学习一些实际生活中具有时间性、可变性、距离性、抽象性且用其他方法很难观察和验证的各种事物。例如，物理、化学和数学等科目中的各种概念、定义以及物质的原子、分子结构与化学反应等都是很抽象的，在传统的教学中，教师只能依靠口头讲述来向学生传授，而利用虚拟现实技术，在课堂上，教师可以陪同学生一起经历虚拟环境，观察一些关键性问题，还能让学生自己“进入其中”进行详细观察以获得第一手概念及知识，通过这种学习方式，使那些抽象、枯燥、难懂的学习内容以生动形象的形式表现出来，极大地提高学生的理解能力和掌握能力。

中国地质大学利用虚拟现实技术演示晶体结构中空间格子、晶体的内部对称、最紧密堆积、硅氧骨干等较难理解的部分，直观明了，使学生加深了对晶体结构的了解。

（三）虚似实验

利用虚拟现实技术可创建物理、化学、地理等各类虚拟实验。特别是那些现实中存在但在课堂教学环境下很难做到或者需花费很大代价才能实现的实验，如一些剧毒性、危险性及比较剧烈或时间较长的化学反应实验，运用虚拟现实技术可以对这些现象或过程进行逼真的模拟，而不必担心会对学生造成伤害。

美国巴尔的摩约翰霍普金斯大学化学工程系的 Michael Karweit 教授在 Web 上建立了一个虚拟实验室，可为刚开始学习科学和工程学的学生进行实验介绍、问题解答、数据采集和科学解释。

（四）分布式合作空间

分布式虚拟现实技术可用于教育娱乐、远程教学和项目合作，创建一个共享合作空间。在这一共享空间中，可进行多人参与的各类游戏，寓教于乐，如站点 http：//www. Ide8. com 是应用虚拟现实技术的娱乐站点，提供体育类游戏、动作类游戏等内容。用于远程教学的共享空间就如同虚拟课堂，在其中，相隔千里的学生、教师可以参与会议、讨论、交流等活动，如同在一间真正的教室中一样，从而可减轻远程教育带来的孤单感问题。

（五）3D 虚拟数字博物馆

可以利用虚拟现实技术来搭建 3D 虚拟数字博物馆，通过音频讲解、实境模拟、立体展现等多种形式，让用户通过互联网即可身临其境地观赏珍贵展品，更便捷地获取信息、了解知识，实现了电脑端和手机端的同步展现，让用户随时随地都能感受到历史文化的沉淀，足不出户逛博物馆。如百度百科数字博物馆，它从 AR 虚拟体验到高清全景拍摄，从藏品 3D 旋转到无线端二维码，技术与内容的丰满，让更多人有机会接触和了解历史遗物。虽然博物馆的数字化在国外已经十分成熟，但百度百科数字博物馆让网民体验到了 3D 文物的真实观感。百度百科将博物馆置身于数字时代的滚滚红潮中，也因此成为国内博物馆数字化的先行者。

尽管虚拟现实技术还处于起步阶段，但随着宽带网络的广泛使用及虚拟现实技术功能的不断增强，虚拟现实技术必将在网络教育领域发挥更大的作用。

第六节　可视化技术在教育中的应用

一、可视化技术的含义

可视化技术是科学计算与图形图像技术的结合，其基本思想是用图形图像来表示数据，把人们很难理解的抽象的数据场转换为形象直观的图像信息，并结合人机交互技术进行分析解释，是计算机应用中的一个重要领域。一幅幅图像中能包含大量复杂的数据信息，可视化技术的出现为其研究提供了新的途径，使得研究人员避免了直接解释这些复杂抽象的数据，把数据所要表现的内容以及相互关系用更有利于研究的直观形式表现出来，同时保持信息的完整性，最终获得隐藏在数据背后的有用信息，因此，提高了研究对象的解释精度和研究工作的效率，缩短了研究项目周期。

现在，随着电子技术、计算机技术以及相关学科的发展，可视化技术的含义已经大大扩展，不仅包括了科学计算数据的可视化，还包括工程计算数据、测量数据等的可视化，以及用于医疗领域、勘探领域数据的可视化等。

目前来说，可视化技术还没有一个统一的分类，主要涉及以下几种。

（一）数据可视化

包括科学计算数据、工程数据、测量数据等的可视化，主要是将这些数据转换为图像并在屏幕上显示出来，还可借助人机交互手段来对图像做更为精细、高效的解释。

（二）信息可视化

主要是对非空间数据也就是抽象数据进行表示、检索等，为了更好地认识这些抽象数据，需要了解它们之间的相互关系，从中发现一些新的信息。

（三）知识可视化

知识可视化是一个新兴的研究领域，主要用来提高两个或两个以上的人之间知识的传播与创新，这种可视化的主要对象是人类的知识，是在更抽象层次上研究可视化的一种手段，通过绘制草图、知识图表等来进行表达。目前主要有 5 种常用的知识可视化方法。

1. 概念图

作为一类重要的知识可视化工具，概念图技术是 20 世纪 60 年代由美国康奈尔大学的一些教授等提出。在概念图中，用箭头、连线将作为节点的概念连接起来，用连接词表示概念以及概念之间的层级关系，以此来表示和组织结构化知识。

2. 思维导图

思维导图又称心智图，是由英国著名的教育家托尼·巴赞于 1971 年将多年的研究成果总结起来形成的表达发散性思维的有效可视化工具。思维导图运用图像和文字结合的形式，把各级主题的关系用相互隶属与相关的层级图表现出来，把主题关键词与图像、颜色等建立一个记忆链接，充分运用左右脑的机能，利用记忆、阅读、思维的规律，协助人们在科学与艺术、逻辑与想象之间平衡发展，从而开启人类大脑的无限潜能。

3. 认知地图

认知地图也被称为因果图，是由美国学者 Ackerman Eden 以个体建构理论为基础提出的，它将“想法”作为节点，并将其相互连接起来，表示“因果关系”或“导致”，没有层次的限制认知地图用来帮助人们规划工作，促进小组的决策。

4. 语义网络

相对于产生式规则主要用以描述因果知识，语义网络则能够用来表达更加复杂的概念及其之间的相互关系，形成一个由节点和弧组成的语义网络描述图。在语义网络图中，节点指示事物，节点间以有向弧连接，而弧上的标签则指示节点间的关系。语义网络可以表示事实性知识，也可以表示事实性知识之间的联系。主要体现在下面几个方面：表示事实；表示有关事物间的联系；表示比较复杂的知识。

5. 思维地图

思维地图是美国 David Hyerle 博士在 1988 年为帮助学生在所学内容之间创建联系、促进认知建构而开发的一类帮助学习的可视化工具。确切地说，思维地图是用来进行建构知识、发散思维、提高学习能力的一种可视化工具。思维地图包括弧图、桥接图、气泡图、圆圈图、双气泡图、流程图、复流程图和树形图 8 种形式。

二、知识可视化常用的工具

为了更好地将复杂抽象的知识用各种图形化的手段予以表现，帮助人们把大脑中混乱、琐碎的想法贯穿起来，整理思路，最终形成条理清晰、逻辑性强的成熟思维模式，从而便于知识的表示、传递和创新，人们开发了许多相关工具及平台。

（一）知识可视化的常用软件

随着软件技术的进步和知识可视化的广泛应用，各种在计算机平台上使用的知识可视化工具软件也不断得以开发和应用，当前在教学活动中，比较常用的知识可视化工具软件有 Inspiration、Mind Mapper、Mind Manager、Microsoft Office Visio、亿图图示专家和北京师范大学知识科学与工程研究所开发的易思认知工具助手等。这些工具软件各具特色且操作简单，但大多都是单机操作，对多人协同支持不够。随着 Web 2.0 技术的发展和相关技术的日趋成熟，基于网络平台的各种在线知识可视化平台也应运而生。

1. Mind Manager

Mind Manager 是一款由美国 Mindjet 公司开发的，用于创造、管理和交流思想的通用标准的绘图软件，也是一款易于使用的项目管理软件，能很好地提高项目组的工作效率和小组成员之间的协作性。该软件界面可视化，有着直观、友好的用户界面和丰富的功能，能促进用户有序地组织思维、资源和项目进程。

2. Inspiration

Inspiration 是 Inspiration 软件公司开发的一款为开发人们的思想和组织思路的，能够实现可视化思考和学习的可视学习软件。这款软件的界面简洁，操作简便。它提供了合成的图解和图表环境，可以用于产生灵感、制订计划、呈现构思、打草稿、制作图解、创作概念图和制作插图等。

3. Mind Mapper

Mind Mapper 是一款专业的、广泛应用于信息管理、工作流程安排、计划制订、表达观点等方面的可视化工具软件，该软件还具有一定的智能性，用户可以通过智能绘图的方法使用该软件的节点和分支系统以提高创作效率。

4. 亿图图示专家

亿图图示专家是一款基于矢量的综合绘图工具，包含大量的实例库和模板库。利用它可以很方便地创建流程图、网络拓扑图、组织结构图、商业图表、方向图、UML、软件设计图、站点报告、建筑设计等。用户可以方便、快捷地利用该软件阐述自己的设计思想和创作灵感。设计的全过程亿图都采用拖拽式操作，并且提供4600多个常用图形模板库和用户自定义实例库供用户调用，用户在设计时既可以充分利用固有的素材，又可以借鉴他人的作品，从而最大程度简化用户的工作量。

（二）知识可视化的常用平台

1. Mind Meister

Mind Meister是一个支持协同创作概念图和思维导图的可免费注册使用的站点，该站点提供了大量图标和图片，那可以在创作过程中引入多种文件（图片、PDF文档、网页链接等），并且支持多种类型文件的导入，便于支持和修改在其他软件（站点）中创作的导图（概念图）。用户可以通过“sharemap”按钮设置共享，能够邀请浏览者观看自己的作品，也可以邀请合作者一起对作品进行实时的协同修改。它支持将文件保存到站点服务器或以多种格式输出到本地计算机。最有特色的一点是操作历史回放的功能，通过该功能，用户可以看到每一步操作，便于对思维过程的反思和协作者把握、理解作者的思路。

2. bubbl. us

buhbl. us是一个提供免费注册使用的在线协作思维站点。该站点操作简便，功能齐全，连接速度快，协作实时更新，延时很短，并且提供实时的帮助信息，支持XML导入JPEG、PNG、XML和HTML导出。

3. Mindomo

Mindomo是一个无须安装任何插件、提供在线地图创建工作的灵活的可视化编辑器，Mindomo界面非常直观，易于使用。目前，Mindomo提供Basic、Premium和Team三种版本，其中Basic版为免费版本。

MindoMo提供了其他用户提供的海量的共享资源，还将这些资源进行分类，便于用户在这些共享资源中方便快捷地挑选自己需要的内容，并且用户可以将自己的作品共享到服务器上，供他人下载使用。另外，通过

Desktop 插件，MindoMo 还能实现本地离线编辑，注册用户可以通过 Internet 随时将本地编辑好的内容上传至服务器中自己的账户上，或者下载自己账户内的文件。

4. Mind42

Mind42 是一个支持在线协作创建可视化图形的站点，提供较多的工具，用户可以添加链接到多种媒体或者其他网站，支持多种输出格式（FreeMind、MindManager、RTF、PDF、PNG 和 JPEG 等）。Mind42 是基于 Web 的在线思维导图制作工具，是一个在线制作流程图和思维导图的网站，该网站免费使用，没有任何限制，直观的 UI 界面让用户可以快速上手，用户也可以分享、嵌入或者导出自己设计的作品。

通过对以上知识可视化在线平台的试用，可以发现这些平台都具有在线创建、编辑和存储知识可视化内容等功能。通过将文件存储在平台服务器上，使用者利用 Internet 可以随时实现内容异地的更新，极大地有利于将灵感及时记录；通过协同创作功能，可以实现远程实时演示和讨论，有利于开展头脑风暴，促进了团队协作效率的提高；通过创作历史回放功能，可以实现个人观点的回顾和反思，或者对他人思维过程的细节把握。这些功能突破了以往的讨论形式，为形成全新的团队协作模式提供了有力的支持。

三、知识可视化技术在教育中的应用

本例选取《初中信息技术》第一册中“计算机病毒”这一知识点为教学案例，将思维导图用于教学设计并实施教学，检验该教学模式在信息技术教学中的教学效果。

（一）教学目标分析

1. 知识技能目标

了解计算机病毒的定义；了解计算机病毒的特点和危害；掌握当前计

算机病毒传播的途径；掌握预防计算机病毒的方法。

2. 过程与方法目标

体验计算机病毒对整个信息系统造成的破坏；通过绘制思维导图，体验计算机病毒的工作流程；掌握计算机病毒的防治办法，并且能够应用到日常的生活和学习中。

3. 情感态度与价值观目标

帮助学生树立防范病毒的意识，培养学生的信息安全意识，培养学生分析问题、解决问题的能力。

（二）教材分析

“计算机病毒”是《初中信息技术》，第一册第一单元第五课“访问因特网”中链接的内容，教材虽然对“计算机病毒”这一知识点没有用独立的章节进行阐述，只是对信息安全做了简单的介绍，但是，在当今时代，计算机病毒层出不穷，危害与日俱增。所以，有必要对计算机病毒进行全面详细的介绍，帮助学生树立良好的计算机道德与规范，树立正确的信息意识和观念。

教学重点：了解计算机病毒的特征及其危害，掌握计算机病毒的防治方法。

教学难点：熟练掌握计算机病毒的查杀步骤，并运用到日常的生活和学习中。

（三）教学条件分析

1. 教师前期教学准备

教师仔细研读教材，根据教学目标设计教学案例。准备好教学用的各种图片、材料等，并制作出计算机中病毒后各种症状的思维导图。

2. 学习者特征分析

经过前面内容的学习，学生具备了一定的信息收集、处理、表达能力，对网络有较浓厚的兴趣，但是对信息安全的了解并不多，信息安全意识相对淡薄一些。“计算机病毒”这一概念对学生而言具有很大的诱惑力，使他们充满了好奇心和求知欲，抓住这一学习者特征，通过实例让学生对信息安全有更深刻的感受。经过前期的准备和学习，学生已了解并学会使用思维导图。

3. 学习环境要求

多媒体网络教室（与 Internet 相连），支持教学的各种软件，教师准备的有关于计算机病毒的图片、视频和课件等，有关计算机病毒及其防治的资源网站。

（四）教学策略分析

通过调查研究发现，大多数教师在讲解这部分内容时采用的是传统的教学方法，知识课堂枯燥无味，学生的思维能力得不到锻炼。因此，借用思维导图的教学优势，采用小组合作的方式进行教学，使学生通过自身体验、交流讨论与练习等方式在知识和能力上得到实质的提高。

教法：情景模式教学法、任务驱动教学法、讲解法；学法：小组合作。

（五）教学过程

1. 创设情境：思维导图引入课题

为了激发学生对计算机病毒的学习兴趣，教师首先播放“熊猫烧香”的视频，让学生对计算机病毒有整体的认识，然后向学生展示“计算机中毒症状”的图片，引出本节课的主题“计算机病毒”。

2. 形成思维导图的基本框架

教师让学生利用搜索引擎和准备好的有关计算机病毒的资源网站对计算机病毒的基本知识进行查找和总结，在教师的引导下，将基本知识划分为病毒的分类、病毒的特征、病毒的危害、病毒的传播途径、病毒的预防及典型病毒 6 个研究主题，然后教师将已经准备好的思维导图框架呈现给学生，如图 6-1 所示。

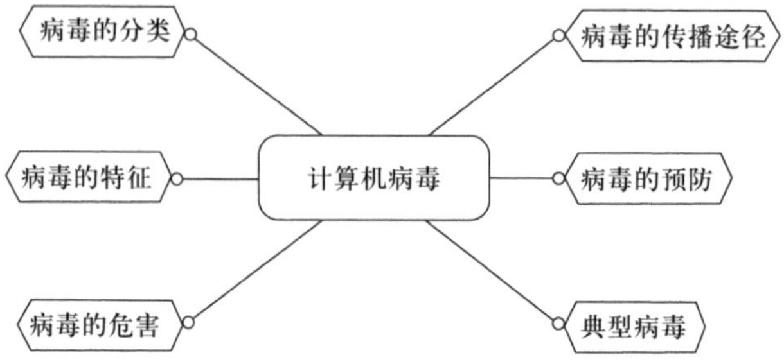

图 6-1 “计算机病毒”思维导图框架

3. 任务驱动、小组合作，完成思维导图

根据划分出的 6 部分教学内容将全班同学分成 6 个合作小组，且各小组推选出一名能力较强的学生为小组长，对本组学生的工作进行监督和管理。教师给 6 个小组分配好研究主题，并要求学生最终以思维导图的形式呈现研究结果。教师对学生的探究过程进行巡回监督，并给予及时的建议和指导，学生合作分工，最终制作出该小组所承担主题的思维导图，如图 6-2 所示。

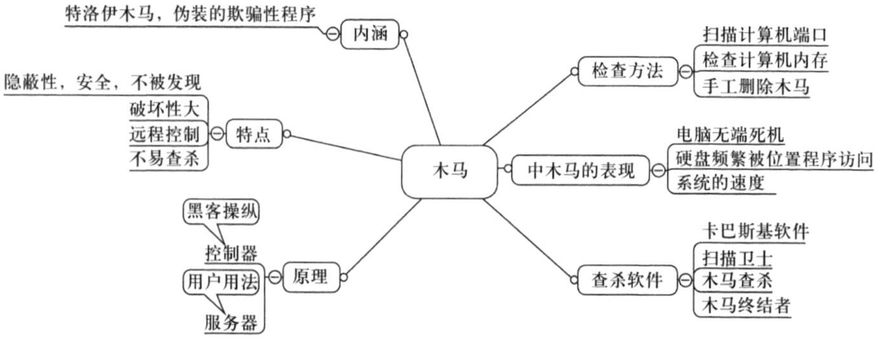

图 6-2 学生绘制的木马病毒思维导图

4. 展示成果

评价交流各组组长依次对本组的研究成果和小组合作情况进行汇报，教师和其他小组成员对每个小组的思维导图完成质量和合作情况进行评价，帮助各小组完善其思维导图，最后教师将 6 个小组的研究成果进行再加工，绘制出一幅总思维导图。

5. 总结扩展，课后作业

教师展示并点评绘制好的总结性思维导图，就思维导图的完成质量和学生们的课堂表现进行评价和总结，并要求每名学生在课下都绘制一幅“计算机病毒”的总思维导图。

6. 教学反思

小组成员间的合作为我们创造了集体智慧，当今社会对知识的依赖程度越来越大，集体能力也变得尤为重要，集体智慧已经成为知识社会中竞争、创造和发展的决定因素。思维导图的使用起到了集聚集体智慧的作用，使学生在学到知识的同时提高了团队合作意识和探究能力，这是区别于传统教学模式的另一大教学成果；教师借助于思维导图，不仅提高了备课的速度和质量，更能够及时地跟踪学生的学习进展，了解学生的学习状况，给予及时的指导，加强了师生之间的交流。

参考文献

[1] 蔡铁权．现代教育技术教程［M］．北京：科学出版社，2000.

[2] 陈琳．现代教育技术［M］．北京：高等教育出版社，2006.

[3] 陈琦，刘儒德．当代教育心理学［M］．北京：北京师范大学出版社，2002.

[4] 陈晓慧．教学设计［M］．北京：电子工业出版社．2009.

[5] 陈笑．多媒体 CAI 课件制作基础教程［M］．北京：清华大学出版社，2006.

[6] 高玉德．多媒体技术与应用［M］．北京：清华大学出版社，2009.

[7] 顾小清．信息技术与课程整合教程［M］．上海：华东师范大学出版社，2008.

[8] 何克抗，李文光．教育技术学［M］．北京：北京师范大学出版社，2009.

[9] 何克抗，林君芬，张文兰．教学系统设计［M］．北京：高等教育出版社，2006.

[10] 何克抗，吴娟．信息技术与课程整合［M］．北京：高等教育出版社，2007.

[11] 何克抗，谢幼如，郑永柏．教学系统设计［M］．北京：北京师范

大学出版社，2016.

[12] 何克抗，谢幼如，郑永柏．教学系统设计［M］．北京：北京师范大学出版社，2016.

[13] 何克抗．教育技术培训教程［M］．北京：高等教育出版社，2008.

[14] 胡小强．现代教育技术［M］．北京：北京大学出版社，2007.

[15] 胡小勇．问题化教学设计——信息技术促进教学变革［M］．北京：教育科学出版社，2006.

[16] 黎加厚．教育技术教程：信息化时代的教与学［M］．上海：华东师范大学出版社，2002.

[17] 李克东．新编现代教育技术基础［M］．上海：华东师范大学出版社，2002.

[18] 李芒，金林．教育技术学导论［M］．北京：北京大学出版社，2009.

[19] 李芒．实效教学课件研制方法指津［M］．天津：天津教育出版社，2008.

[20] 李世荣．现代教育技术［M］．北京：清华大学出版社，2010.

[21] 李月梅．现代教育新理念［M］．呼和浩特：内蒙古大学出版社，2008.

[22] 李运林，徐福荫．教学媒体的理论与实践［M］．北京师范大学出版社，2003.

[23] 李兆君．现代教育技术［M］．北京：高等教育出版社，2010.

[24] 刘成新，李兴保．现代教育技术——信息化教学理论与方法［M］．北京：电子工业出版社，2009.

[25] 刘光然，詹青龙．现代教育技术［M］．北京：人民邮电出版社，2010.

[26] 刘宏武．课程改革教师岗位培训资源包［M］．北京：中央民族大学出版社，2007.

[27] 刘雍潜，李龙．教育技术基础［M］．北京：中央广播电视大学出版社，2002.
[28] 刘长江．信息化语境下大学英语课堂生态研究［M］．广州：世界图书出版广东有限公司，2014.
[29] 卢强．现代教育技术［M］．北京：电子工业出版社，2011.
[30] 南国农，李运林．教育传播学［M］．北京：高等教育出版社，2005.
[31] 南国农．电化教育学［M］．北京：高等教育出版社，1995.
[32] 南国农．信息化教育概论［M］．北京：高等教育出版社，2004.
[33] 潘庆红．网络自主学习与学习环境构建［M］．成都：电子科技大学出版社，2013.
[34] 皮连生．教学设计：心理学的理论与技术［M］．北京：高等教育出版社，2000.
[35] 冉新义．现代教育技术应用［M］．厦门：厦门大学出版社，2017.
[36] 任友群．技术支撑的教与学及其理论基础［M］．上海：上海教育出版社，2007.
[37] 邵瑞珍．教学心理学［M］．上海：上海教育出版社，2000.
[38] 施良方．学习论［M］．北京：人民教育出版社，2001.
[39] 孙方，周本东，朱永梅．现代教育技术［M］．北京：科学出版社，2012.
[40] 孙立仁．教学设计——实践基础教育课程改革的理论与方法［M］．北京：电子工业出版社，2004.
[41] 王策三．教学论稿［M］．北京：人民教育出版社，2000.
[42] 王以宁．教学媒体的理论与实践［M］．北京：高等教育出版社，2007.
[43] 王云，李志河．现代教育技术［M］．北京：清华大学出版

社，2011.

[44] 吴疆．现代教育技术与文科课程整合方法与实践［M］．北京：人民邮电出版社，2007.

[45] 武法提．网络教育应用［M］．北京：高等教育出版社，2011.

[46] 向华，徐爱芸．多媒体技术与应用［M］．北京：清华大学出版社，2007.

[47] 谢幼如，柯清超·网络课程的开发与应用［M］．北京：电子工业出版社，2005.

[48] 熊生贵．新课程：教学创新新视点［M］．成都：四川大学出版社，2004.

[49] 徐福荫，袁锐锷．现代教育技术基础［M］．北京：人民教育出版社，2005.

[50] 薛庆文．现代教育技术［M］．北京：科学出版社，2011.

[51] 闫寒冰．信息化教学评价——量规实用工具［M］．北京：教育科学出版社，2003.

[52] 闫祯．教育学学程：模块化理念的教师行动与体验［M］．北京：北京大学出版社，2013.

[53] 杨青，郑世珏．多媒体技术与应用教程［M］．北京：清华大学出版社，2008.

[54] 尹俊华，赵为华，乌美娜．教育技术学导论［M］．北京：北京师范大学出版社，1992.

[55] 尹俊华，庄榕霞，戴正南．教育技术学导论［M］．北京：高等教育出版社，2000.

[56] 尹俊华．教育技术学导论［M］．北京：高等教育出版社，1996.

[57] 余林．课堂教学评价［M］．北京：人民教育出版，2007.

[58] 余胜泉，吴娟．信息技术与课程整合——网络时代的教学模式与方法［M］．上海：上海教育出版社，2005.

[59] 袁同庆，高宇．现代教育技术学［M］．合肥：安徽人民出版社，2009.

[60] 张剑平．现代教育技术——理论与应用［M］．北京：高等教育出版社，2008.

[61] 张立新，张丽霞．教育技术的理论与实践［M］．北京：科学出版社，2009.

[62] 张倩苇．信息时代的技术与课程发展［M］．广州：广东高等教育出版社，2009.

[63] 张祖忻，朱纯，胡颂华．教学设计：基本原理与方法［M］．上海：上海外语教育出版社，1992.

[64] 钟志贤．信息化教学模式——理论建构与实践例说［M］．北京：教育科学出版社，2005.

[65] 周跃良．现代教育技术［M］．北京：高等教育出版社，2008.

[66] 祝智庭．现代教育技术——走进信息化教育［M］．北京：高等教育出版社，2001.